»Eifel-Weihnacht«

herausgegeben von Christel Aretz

© 2001
Arne Houben
RHEIN-MOSEL-VERLAG
Alf/Mosel
Bad Bertricher Str. 12, D-56859 Alf
Tel. 06542/5151 Fax 06542/61158
Alle Rechte vorbehalten
ISBN 3-89801-007-4
Ausstattung: Cornelia Czerny
Umschlagsaquarell: Fritz von Wille
Mit freundlicher Genehmigung des Hauses Beda in Bitburg
Druck: Siebengebirgs-Druck, Bad Honnef

Eifel-
Weihnacht

Erzählungen und Gedichte

herausgegeben von
Christel Aretz

RHEIN-MOSEL-VERLAG

Inhalt

Vielen Dank an alle, die durch Bereitstellung von Materialien
zum Entstehen der Sammlung beigetragen haben.

Kreisverwaltung Cochem-Zell
Kreisverwaltung Daun
Ortsgemeinde Langscheid
Eifelverein, Bibliothek des Eifelvereins, Düren
Paulinus-Verlag, Trier

Vorwort

Die Eifelweihnacht war nicht nur ein Fest der Liebe, der Sehnsucht, der Hoffnung, der Erwartung und des Glaubens, sondern auch eine Zeit der Not und der Entbehrungen.

Durch die Abgeschiedenheit der Eifel waren Überlieferungen und Erzählungen ein wichtiges Mittel des Gedankenaustauschs. Erst in neuerer Zeit wurde die Eifel erschlossen. Clara Viebig schrieb zu Anfang des vorigen Jahrhunderts über die Eifel: »Im Anfang der neunziger Jahre gab es noch kaum Wandervögel, das Durchstreifen von Wald und Flur, Bergen und Tälern war noch nicht die große Mode; die begeisterten Naturschwärmer zogen aus als vereinzelte Touristen. Und das Hochland der Eifel war der großen Menge noch ein unbekanntes Land. Eifel – ?! O weh, wüste und leer, arm und hungrig.« In der heutigen schnelllebigen Zeit verblassen immer mehr die Erinnerungen an das Vergangene und werden durch aktuelle Ereignisse überlagert.

In dieser lebendigen und unruhigen Zeit sehnt sich der Mensch nach Ruhe und Besinnung. Diese werden häufig in der Erinnerung an das Vergangene gefunden.

Diese Erinnerungen spiegeln häufig eine versunkene, untergegangene Zeit wieder, die scheinbar festgefügt und geordnet war. Sie erfolgt oft mit einer gewissen Verklärtheit edler Gefühle und edler Menschen. Diese Vergangenheit ist aber oft eine Zeit der Not, der Entbehrungen und der Erniedrigungen.

Die vorliegende Sammlung ist auch ein Rückblick in vergangene Zeiten.

Trotz intensiver Bemühungen war es leider nicht möglich, alle Autoren ausfindig zu machen. Sie wären sicherlich hoch erfreut, dass ihre Erzählungen und Gedichte wieder der Öffentlichkeit zugänglich gemacht worden sind. Ihnen gilt mein Dank, ebenso den Autoren und Rechteinhabern für die Überlassung der verschiedenen Arbeiten.

Christel Aretz

Weihnacht in alter Zeit

Sebastian Franck

Sebastian Franck lebte von 1499-1542. Er war kath. Priester, dann prot. Prediger, lehnte jedoch das Dogmatische des Luthertums ab und wandte sich den Täufern zu. Zu seiner Zeit war er ein bekannter Autor.

Drei Donnerstage vor Weihnachten klopfen die Mägdlein und Knaben von Haus zu Haus durch die Stadt an den Türen an, die Zukunft der Geburt des Herrn verkündigend und den Einwohnern ein glückseliges Jahr wünschend. Danach empfangen sie von den Haussässigen Äpfel, Birnen, Nüsse und auch Pfennige zum Lohn.

Zu Weihnacht begehen sie die Kindheit Christi also: sie setzen eine Wiege auf den Altar, in die ein geschnitzt Kind gelegt ist, diese wiegt eine große Menge der Stadtkinder, springen und tanzen ums Kind in einem Kreise, wobei die Alten zusehen, und singen viele seltsame Liedlein von dem neugeborenem Kindlein. Sie halten diese Nacht für so heilig, dass etliche beredt sind, alle Brunnen werden diesen Augenblick, wo Christus geboren sei, auf diese Nacht zu Wein und in einem Hui wieder zu Wasser. Etliche sagen, es schlagen alle Bäume diese Nacht aus.

Zur Zeit des neuen Jahres schicken sie einander Gaben, alt und jung, und mit gebotener Hand wünschen sie einander ein gutes, seliges neues Jahr …

An der Heiligen Drei Könige Tag bäckt ein jeder Vater einen guten Lebkuchen, danach er vermag und ein Hausgesinde hat, groß und klein, und kneten einen Pfennig hinein. Danach schneidet er den Lebkuchen in viele Stücke und gibt jedem aus seinem Hausgesinde eins. Christus, Maria und die Heiligen Drei Könige haben auch ihre Stücke da. Wem nun das Stück wird, darin der Pfennig ist, der wird von allen als ein König erkannt und dreimal mit Jubel in die Höhe gehoben. Er nimmt allemal eine Kreide in die Hand und macht ein Kreuz an die Dielen und Balken im Haus und in den Stuben, welche Kreuze gegen viel

Unglück und Gespenster helfen sollen. Es ist kein Haus, in dem man nicht in den zwölf Nächten zwischen Weihnacht und dem heiligen Dreikönigstag Weihrauch macht gegen alle Teufelsgespenster und Zauberei.

Der Weihnachtsritt
des Abtes Graf Wilhelm von Manderscheid
Prorektor Dr. Schmitz, Prüm

Es war um das Weihnachtsfest des Jahres 1540. Wie überall in den verschneiten Eifellanden, rüstete man sich auch in der Abtei und Stadt Prüm, das bevorstehende Fest in althergebrachter Weise zu begehen. Und doch lag es wie ein stiller Druck auf den Mönchen des Klosterkonventes und den Bürgern der Stadt. Ihr Herr und Oberhaupt, der Abt Wilhelm von Manderscheid, dem außer Prüm auch noch die Abteien Stablo und Malmedy unterstellt waren, hatte erst vor kurzer Zeit den Ort verlassen und sich nach Stablo begeben, trotz der inständigen Bitten der Prümmer Mönche und Bürger, das höchste Fest des Jahres doch in ihrer Mitte zu feiern. So schien er denn den anderen Abteien Stablo oder Malmedy den Vorzug zu geben. Bis spät am Vorabend des Festes noch hatten die auf seine Rückkehr geharrt und gehofft, jedoch vergeblich. Die heilige Nacht war schon hereingebrochen, und Abt Wilhelm von Manderscheid war nicht erschienen. Der aber hatte seiner ganzen Art entsprechend einen großen, seltsamen Plan gefasst. Mit Glockenschlag der Mitternacht schritt er in feierlichem Zuge in der Abteikirche zu Stablo zum Hochaltar, um dort das erste heilige Opfer darzubringen. Wie sangen sie mit Stolz und mit Begeisterung, die Mönche von Stablo, den festlichen Choral der ersten Weihnachtsmesse, wo da so triumphierend im Psalmvers im Introitus verkündigt wird: Es sprach der Herr zu mir, »Du bist mein Sohn. – Was zürnen denn die Anderen und sinnen sie Böses.« Wie fühlten sie sich in ihrer Festfreude doppelt erhöht, ihren Abt an diesem Tage in ihrer Mitte zu wissen. So ging der heilige Dienst in feierlicher Andachtsstimmung seinem Ende zu. Und doch, fast wollte es scheinen, als ob der hohe Gast am Schlusse mit schneller Eile die Feier zu beenden strebe. Mit fliegender Hast legte er die heiligen Gewänder ab. Kein Wort des Abschieds mehr! Wie auf geheimen Wink öffneten Diener Türen und Tore der Abtei und im Gefolge von mehreren Begleitern warf er sich draußen auf ein bereit gehaltenes schnelles Ross, und nun begann ein wilder Ritt hinaus in die Nacht. Malmedy! dies eine Wort hatten die erstaunt Dastehenden im letzten Augenblick erhascht. Schon jagten die Reiter hinaus in die dunkle Eifelnacht den Waldungen der Ardennen zu. Es war ein geisterhafter Ritt. Wie knirschte der Schnee unter den Hufen der Pferde und rauschten die Föhrenwipfel im Winde. Weiter ging's und weiter in rasendem Galopp. Schon dämmerte im Osten der erste Schimmer des neuen Tages, da tauchten in der Ferne die Umrisse der Abtei von Malmedy auf. Groß war das Erstaunen und die Freude derer von Malmedy, als ihr Abt zu solch ungewohnter Stunde eintraf. Doch ohne Zögern ließ er auch sie zum Heiligen Opfer rufen. Mit gleichem Stolz und gleicher Begeisterung scharten sich auch hier in Malmedy Mönche und Volk um ihren Herrn, voll Freude darüber, am heiligen Weihnachtsfeste mit ihrem Abt vereint zu sein, und als die Messe ihrem Ende entgegenging, da wiederholte sich dasselbe Schauspiel, wie es in Stablo stattgefunden. In schneller Eile verließ der Abt die Opferstätte. Bald hatte er sich der priesterlichen Gewänder entledigt, und ehe man sich dessen recht versah, ritt er an der Spitze seiner treuen Begleiter davon, nunmehr der Prümmer Abtei entgegen. Es war eine Jagd ohne Rast und Ruh. Wie schauten sie erstaunt auf, die einsamen, stillen Kirchgänger auf den verschneiten Pfaden im hohen Venn, als die seltsame Reiterschar an ihnen vorübersprengte. Doch weiter ging's und weiter. Schon war die Sonne höher gestiegen, der Weihnachtsmorgen schon ein gut Teil vorgerückt, da sahen sie Prüm im Tale vor sich liegen. Ein letzter ermunternder Zuruf an die abgehetzten Pferde noch. Da sprengten sie hinein in den Ort, der mächtigen Abtei entgegen, mit jubelnder Freude erkannt und begrüßt von jedermann. Bald hallten festliche Glockenklänge über die Stadt. Es füllten sich die hohen Kirchenhallen, und unter rauschendem Orgelspiel schritt Abt Wilhelm mit ernstem, festem Schritt dem Hochaltare zu, sein drittes Opfer darzubringen. Da erst zog rechte Weihnachtsfreude bei den Prümmer Mönchen und Bürgern ein. Da sangen auch sie mit Stolz und Begeisterung, wie die von Stablo es um Mitternacht getan, die frohe Weihnachtsbotschaft: Ein Kind ist uns geboren, ein Sohn ist uns geschenkt. Zwar berichtet der Chronist uns nicht, wie sich der Abt nach vollzogenem Amt, nach solchem abenteuerlichen Ritt mit den Mönchen und den Bürgern der Stadt in froher Festfreude erging, jedoch wir nehmen es an. Uns aber mag der kühne Ritt um solches Ziel beweisen, dass da auf Wahrheit beruht, was die Chronisten seiner Zeit berichten, dass er ebenso ein Priester fromm wie auch ein Ritter voller Kraft gewesen.

Bauernweisheiten

Wenn auf Martini Regen fällt,
Ist's um den Weizen schlecht bestellt.

Andreas hell und klar,
bringt ein gutes Jahr (30. November).

Wenn der Baum lang seine Blätter behält,
gibt's viel und große Kält'.

Ein Weihnachtsfest anno 1649

Dr. Ludwig Mathar

ar das eine traurige Weihnacht anno 1649 in dem Venndorf Kalterherberg!

Noch waren die Gräber frisch zugeworfen, die rings um das alte Kirchlein die Leiber der Gefallenen deckten. Noch schaute der Friedhof wie eine zertrampelte, barbarisch wüste Walstatt aus. Hatte doch vor zwei Wochen auf dieser gottgewollten Stätte ein wilder Kampf getobt. Die Lotharingier, die entlassene, zuchtlose, beutegierige Soldateska des Herzogs Karl IV. von Lothringen, hatten von St. Vith aus sengend und brennend, mordend und plündernd das Monschäuer Land durchzogen. Bis ins Ländchen der Reichsabtei Kornelimünster, ja bis vor die Tore der Reichsstadt Aachen waren sie vorgedrungen und hatten Walheim und Rohren (Raeren) ratzekahl geschoren. Von den racheschnaubenden Münsterländern im Verein mit den Monschäuern waren sie auf ihrer Heimkehr, mit Beute beladen, toll und voll gesoffen, in Kalterherberg gestellt worden. Auf dem Kirchhofe verschanzt, hatten sie sich gegen die erbitterten Kalterherberger, deren Hütten sie auf dem Anmarsch verbrannt, deren Vieh sie weggetrieben und an ihren Lagerfeuern verschmaust hatten, auf Leben und Tod verteidigen müssen. Dabei hatte aber mancher schlecht bewaffnete Vennbauer trotz aller Tapferkeit dies Wagnis mit dem Leben bezahlt. Auch die Münsterländer hatten manchen Toten und Verwundeten durch die Wälder nach Hause getragen, und im nahen Monschau klagte manche Mutter und Witwe, manche Gattin und Braut um ihren Lieben, den sie in dem wilden Getümmel verloren hatte.

Weihnachten? Wie konnte man das feiern, wo die Toten noch kaum in der entweihten Erde lagen? Weihnachten? Wo sollte man das begehen, wenn das Kirchlein ausgeplündert und schändlich besudelt war? Weihnachten? Wie sollte man dazu Lust haben, wo das halbe Dorf niedergebrannt war? Weihnachten? Wo gab es denn in den ausgefegten Hütten noch eine Krippe?

Weihnachten? Wo man in der ausgeraubten Küche hungern und frieren musste?

Und doch! Einer sann und sann ohn' Unterlass darüber nach, wie er seinen armen lieben Kalterherbergern eine rechte schöne Weihnacht nach altem Brauch bescheren könne: Stephan Horrichem, der Prior von Reichenstein!

War das Christkind nicht auch in einem kahlen, kalten Stall zu Bethlehem geboren worden? Waren seine Eltern nicht auch ohne Herberge gewesen? Und können sie in ihrem ausgeplünderten und verunreinigten Kirchlein nicht Weihnachten feiern, keine Krippe aufbauen, so will ich das in unserer unversehrten Klosterkirche tun! Jahrhundertelang sind die Kalterherberger ja auch auf dem Messe-Weg nach Reichenstein, dem Prämonstratenserkloster, zur Messe gegangen. Immer hat es sie zum Heiligtum St. Norberti hingezogen. Ist doch bis zur Pfarrkirche von Konzen, der Ur- und Mutterkirche des Monschäuer Landes, ein zu weiter und in diesen kriegerischen Zeitläuften ein zu unsicherer Weg.

Das Herz wurde dem guten Prior von Reichenstein weich. Die armen Leute! Wie tun sie mir leid! Entzünden muß ich das Feuer der Hoffnung wieder in ihren Herzen! Das Christkind, ein Kind armer Leute, geboren in einem Stall, muß ihnen wieder Freude ins Herz lächeln. Hat Christus nicht, vom ersten Schlag seines Herzens, in diesem Tal der Tränen Elend und Schmerzen erlitten, bis zu dem Tage, wo er am Holz der Schmach für uns arme elende Menschen gestorben ist? Und ist er dennoch nicht glorreich wieder auferstanden? Ja, so werde ich zu ihnen sprechen!

Und sind wir Söhne des hl. Norbertus nicht auch selbst elend wie ihr? Ist unser armes wehrloses Kloster nicht auch von diesen Lotharingiern ausgeraubt worden? Ist unsere Klosterkirche nicht auch zugerichtet wie ein Schweinestall? Aber ich werde eine Festhalle daraus machen! Und das Christkind soll in seiner Krippe wie ein Königskind von Lichtern umstrahlt sein. Und allen Hungernden und Frierenden muß geholfen werden. Bruder Norbert Horrichem, der Abt von Steinfeld, muß mir dabei zur Seite stehen. Bin ich nicht der Vater des Venns? Sind die Kalterherberger nicht meine liebsten Kinder?

Und Stephan Horrichem, der Prior von Reichenstein, schuf in kurzer Zeit Wunder. »Sie haben Vater, Sohn oder Bruder, haben Haus und Vieh verloren, sollen sie nun auch zu Weihnachten heimatlos sein?« Damit spornte er seine Mönche an. Da wurde die Klosterkirche blitzblank gefegt und mit Wacholdersträuchern geschmückt. Da zierte eine schmucke Leinendecke, ein Wald von Kerzen, die der Prior mit vielem anderen aus Steinfeld mitgebracht hatte, den Altar, über dem die Krippe des Christkindes zwischen mächtigen Kiefern aufgebaut war. Da wurde der Speisesaal gekehrt und geschmückt mit roh zusammengeschlagenen Tischen versehen. Als der Schaffner des Klosters sich darob die Haare raufte, lächelte der Prior verschmitzt: Wenn sie zum Christkind kommen, die Armen, die nicht Hof noch Haus mehr haben, so müssen sie doch eine Herberge finden!

Und am Hl. Abend, als die Nebel dicht über dem Venn brauten, als ein schwerer Mantel von Schnee über den Trümmern des Dorfes lagerte, pilgerte ein langer Zug von Kalterherbergern über das knirschende Weiß. Wie einst, da noch kein Kirchlein sich über der weiten Höhe zwischen Rur und Schwalm erhob. Sie stapften schwerfällig und traurig über den Messe-Weg dahin, die wenigen übrig gebliebenen Männer, den schweren wollenen Pufant um den Hals über dem vom Kampf noch zerfetzten Leinenkittel, die Frauen und Mädchen die schwarze selbstgestrickte Vollhaube um die verhärmten Gesichter, den schwarz-grün und blau-rot gestreiften Tirteyrock darüber geschlagen.

Hoffnungslos schritten sie in der schmalen Schneespur dahin. Sie gingen über den Messe-Weg nach Reichenstein zur Christmette, wie es vor jahrhunderten ihre Ahnen getan hatten. Sie gingen, weil der gute Prior Stephan Horrichem sie von Haus zu Haus in eigener Person geladen hatte. Ach, sie hatten keine Hoffnung mehr. Nur die Kinder trippelten sorglos und frohgemut den Eltern voran. Die kecken Buben sprangen sogar aus der Reihe in den tiefen Schnee, warfen die sittsam schreitenden Mädchen mit

Schneebällen und rannten Hals über Kopf ins Rurtal hinab, liefen den Hügel zum Kloster hinauf um die Wette: Wer ist zuerst da?

Wie staunten alle, als sie in die Klosterkirche traten! Wie im heimischen Vennwald war dort eine Krippe aufgebaut, von Kiefer und Wacholder umgeben. Und in der Krippe lag auf Stroh ein in Windeln gewickeltes Kind. Ein Armeleutekind. Und Ochs und Esel schauten ihm zu. Wie Bauersleute Maria und Josef, sie im Tirteyrock, in Wolljacke und Haube, er im Blauleinenkittel, in schwarzer Tuchkappe und Pufant.

Nach dem Gloria in excelsis Deo trat Pater Stephan Horrichem vor seine lieben Kalterherberger hin: Warum seid ihr so verzagt? Waren Maria und Josef nicht ebenso verlassen wie ihr? Lauerte nicht schon der Tyrann Herodes nach des Kindleins Leben? Mussten sie nicht bald sogar außer Landes, nach Ägypten, fliehn? Ihr aber habt doch noch eine Heimat. Liegt sie auch in Schutt und Asche. Aber ihr könnt sie im Frühjahr doch wieder aufbauen. Und ich, der Sohn des Halfen von Erpach helfe euch dabei. Kann ich doch auch noch die Axt schwingen, Stämme im Vennwald fällen, sie behauen und zu Fach und Dach fügen. Und meine Mönche werden Handlanger und Gesellen machen. Schaut nicht so traurig drein, meine Lieben! Kalterherberg wird wieder auferstehn!

Seht das Kindlein an! Wie es lächelt! Ein Armeleutekind. Und doch der Herr der Welt, der euch helfen kann und wird. Dies Lächeln bedeutet: Warum denn so kleinmütig? Habt ihr denn nicht noch eure Kinder? Ei, da seh' ich sie ja, die lieben Spielgesellen? Brav, dass ihr durch Eis und Schnee zu mir gekommen seid! Ich weiß ja, ihr seid mir treu. Ihr verliert nicht den Mut. Ihr fürchtet euch auch vor den Lotharingiern nicht. Darum versprech' ich, euch groß und stark zu machen, dass ihr euren Eltern in ihrer Not helfen könnt. Schaut sie euch an, die lieben Kleinen! Seid ihr nicht glücklich, nicht reich, ihr Eltern, weil ihr solche Kinder habt? Müsst ihr nicht dankbar sein, dass Gott sie euch behütet hat? Ist das nicht das schönste Weihnachtsgeschenk?

Und die Kinder sangen in Freude und Unschuld:

> Zu Bethlehem geboren
> ist uns ein Kindelein,
> das hab' ich auserkoren,
> sein eigen will ich sein!
> Eja, eja!
> Sein eigen will ich sein!

Da wurden auch die Augen der Eltern hell und klar, frisch und froh. Da erblühte wieder Hoffnung in ihren Herzen. Und welche Freude erst, als die Messe zu Ende war! Als alle in den Remter des Klosters geladen wurden. Welcher Jubel der Kinder, lärmend der Knaben, züchtig der Mädchen! Für jeden ein Teller mit Äpfeln und Nüssen, mit Printen und Spekulatius!

Stephan Horrichem, wo hast du das alles aufgetrieben? Prior von Reichenstein, bist du nicht ein arger Verschwender? Hat dein Schaffner nicht recht, wenn er knurrt: Das hätten wir besser brauchen können! Haben die Lotharingier uns doch auch Küche und Keller gefegt.

Still, still! Pater Norbertus! Haben wir denn nicht noch ein Dach über dem Kopf. Still, still, liebe Mitbrüder! Nach Weihnachten häng' ich mir wieder den Bettelsack um. Ihr kommt schon nicht zu kurz. Ist die Freude dieser Armen denn nicht für uns Diener der Armen das schönste Geschenk?

Und Prior Stephan sang mit seinem abgrundtiefen Bass:

> In dulci jubilo,
> Nun singet und seid froh!

Und die guten Kalterherberger, verstanden sie auch nicht alles, sie weinten Tränen der Freude dazu.

Herrn Oehmchens Weihnacht anno 1798
Marga Thomé

Vorsichtig klopfte der Junge an das Brett, das den Eingang zu der Felsenhöhle verschloss. Zugleich rief er: »Herr Oehmchen, macht auf! Ich bin es, der Lambert.«

Da wurde das Brett drinnen zur Seite geschoben. Ein alter Mann mit schneeweißem Haar und unendlich gütigen Augen im zerfurchten Gesicht steckte den Kopf heraus. »Du, Lambertchen? Aber was gibt es denn? Komm' herein, es ist hässlich draußen.«

»Sommer ist es noch nicht«, lachte der Junge, der dreizehn Jahre zählen mochte und wie die Durchtriebenheit selber aussah. Er riss die Mütze vom Kopf und schüttelte den Schnee ab, dass es nach rechts und links nur so spritzte. Dann schob er sich in die Höhle, wo ein kleines Feuer brannte.

Der Priester Anton Zweig streckte die Hände über das Feuer, um sie zu wärmen.

»Wärme dich auch, Lambertchen«, sagte er zu dem Jungen. »Und was gibt es denn? Wegen einer Kleinigkeit kommst du doch nicht durch dieses nasskalte Dezemberwetter bis in meinen Schlupfwinkel.«

»Sicher nicht, Herr Oehmchen! Die Großmutter hat mich geschickt, ich solle Euch sagen, die Bertrand-Mutter sei sehr krank und verlange nach Euch. Ob Ihr es wagen wolltet, zu kommen?«

Der Priester seufzte. Es war ein Jammer, wie das jetzt im Lande stand. Nun schrieb man schon 1798, und immer noch hatte diese Gegend der Westeifel, die man den Oesling nannte, so viel durch die französischen Revolutionsmänner zu leiden, die dieses Gebiet erobert hatten. Kein Glockengeläut, kein Gottesdienst mehr. Die Priester verbannt oder vertrieben, weil sie den Eid auf die Republik nicht leisteten. Wie hätten sie auch Gesetzen Treue schwören können, die gegen Gott kämpften!

»Jesus Christus, unser ehemaliger Herr«, hatte ein Republikaner auf das zerstörte Kreuz am Wiesenweg geschrieben.

Nein, den Eid konnte man nicht auf sein Gewissen nehmen. Lieber ließ man sich wie ein Wild von Schlupfwinkel zu Schlupfwinkel hetzen und von den Gendarmen verfolgen, wenn man heimlich mit seinen Pfarrkindern die Messe feierte, die Sakramente spendete.

»Die Großmutter hat gesagt, Ihr solltet vorsichtig sein«, sagte der Junge. »Der Gendarm, wisst Ihr, der dicke Denis, schnüffelt immer um das Dorf herum. Die Bertrands waren nicht so kühn, Euch zu rufen. Aber die Großmutter hat gesagt: Für den Glauben muß man alles tun. Und wenn Herr Oehmchen nachts käme, sollte er nur zu uns hereinkommen. Die Marnachleute machten sich nichts daraus, wenn der Gendarm sie bestrafte, weil sie einen Priester beherbergten.«

Er reichte dem Priester die Hand, und fort war er.

Herr Oehmchen sah ihm ein Weilchen nach, wie er pfeifend durchs Land stapfte. Wie trüb und kalt es war! Schnee und Regen und ein eisiger Wind. Bald war Weihnachten. Ach, ach, und man konnte sich nicht ein wenig freuen. Wenn einem das Herz wie ein Stein in der Brust lag …

Er wandte sich wieder in das Innere der Höhle, suchte eine Weile in einem Kleiderbündel und begann sich umzuziehen. Bald stand er fertig: ein alter Bauer mit grauem Bart und Haar und langem Kittel. Herr Oehmchen lachte über sich selbst. In hundert Verkleidungen war er schon durchs Land gezogen, und immer noch war er den Gendarmen entwischt.

Wenn er diesmal nur unbehelligt blieb. Der armen Bertrand-Mutter hätte er so gerne Hilfe gebracht auf ihrem letzten Wege.

Solange er durch den Wald wanderte, fühlte er sich sicher. Aber dann musste er eine Strecke weit über die Landstraße.

Der Regen peitschte ihm ins Gesicht. Wie Nadeln stach die Kälte. Herr Oehmchen krümmte sich zusammen, schaute die Straße ab, die Straße auf und schlich voran wie ein Dieb. Da auf einmal Hufgetrappel in der Ferne! Wie ein Blitz fuhr es ihm in die Knochen: die Gendarmen! Wohin jetzt? Keine andere Rettung als das Weidengestrüpp drunten am Bach!

Er kroch den Abhang hinunter in die Weiden hinein und kauerte sich auf den Boden.

Natürlich waren es die Gendarmen. Sie ritten vorüber – dem Dorfe zu. Man konnte nicht wissen, wann sie zurückkehrten. Herr Oehmchen wagte deshalb nicht, sein Versteck zu verlassen. Zwei Stunden lag er dort im Gestrüpp, nass bis auf die Knochen, klappernd vor Kälte.

Dann hielt er's nicht mehr aus. Eine halbe Stunde weiter den Bach hinauf war eine Mühle. Gute Leute wohnten dort. Und Herr Oehmchen kroch durch die Weiden bis dorthin.

Gerade kam die Mühlenmutter aus der Hintertür, um die Hühner zu füttern. Da sah sie den alten Mann, dem die Weiden das Gesicht blutig geschlagen hatten. Sie blieb stehen. Wer war das? Wie entsetzlich sah der Alte aus.

Da sagte Herr Oehmchen: »Mühlenmutter, habt Ihr kein Eckchen frei für mich alten Landstreicher?«

Die Mühlenmutter stieß einen gellenden Schrei aus und ließ die Schüssel mit dem Hühnerfutter fallen. »Maria zu lieben, der Herr Pfarrer …!«

Niemals hätte sie sich getraut, den Priester Anton Zweig auch nur anzurühren. Aber diesen armen, alten Mann, der vor Kälte zitterte und dem der Kittel wie ein nasser Sack anklebte, musste sie an der Hand nehmen und in die warme Stube führen.

»Jesus, Maria, gewiss sind die Gendarmen hinter euch«, rief sie, sprang hin und verriegelte die Haustüre und rief ihrem Manne zu, dass der seine Sonntagskleider bringe. Nach einer Weile saß Herr Oehmchen wohlig getrocknet hinterm Ofen, rauchte sein Pfeifchen und trank den Tee, in den die Müllerin ihm einen guten Schluck Kornbranntwein hineingeschüttet hatte. Und dann wollte er wahrhaftig wieder weiter. Aber da rief die Mühlenmutter ihren Mann zu Hilfe, und der große, gewaltige Adam Wiltz kam herein, stellte sich vor die Türe und sagte: »Wir lassen Euch nie und nimmer heraus.«

Gewiss, Herr Oehmchen fühlte wohl, dass sein altes Gebein noch nicht recht wollte. Aber die arme Bertrand-Mutter!

»Da ist nichts zu machen«, sagte der Müller. »Und denkt doch, am Ende sind die Gendarmen noch im Dorfe!«

Da ergab Herr Oehmchen sich.

Aber am anderen Morgen stand er in der grauen Frühe marschbereit. Adam Wiltz, der daran war, die Mehlsäcke auf den Wagen zu laden und fortzufahren, musste ihm einen alten Knechtkittel geben und ihn noch ordentlich mit Mehl bestäuben. Dann setzt er sich auf den Wagen und fuhr als alter Müllerknecht mit.

Es wäre nun alles gut gewesen, wenn nicht der Gendarm Denis an diesem Morgen den Einfall gehabt hätte, den alten Priester zu fangen. Am Tage zuvor hatte er herausgekriegt, dass im Bertrandhause eine schwerkranke Frau lag. Ah, da musste man aufpassen! Da stellte der Bürger Zweig sich sicher ein.

Herr Oehmchen mochte vielleicht eine halbe Stunde im Dorf sein, da kam auch der Gendarm. Er band sein Pferd am Eingang des Dorfes fest und ging spornstreichs dem Bertrandhause zu. So rasch kam er, dass selbst Lambertchen, der die ganze Zeit über Wache gehalten hatte, überrascht wurde. Nur einen Augenblick war er weggelaufen, um sich ein Butterbrot zu holen. Und als er zurückkam, sah er eben noch, wie der dicke Denis im Bertrandhause verschwand.

Dem Lambertchen blieb der Bissen im Halse stecken. Das war ihm denn doch noch nicht vorgekommen. Aber im nächsten Augenblick schon wandte er sich und schoß wie ein Blitz nach Hause. Wenn einer hier helfen konnte, war es nur noch die Großmutter.

Und »Großmutter, der Denis ist ins Bertrandhaus gegangen. Er wird Herrn Oehmchen fangen«, stürzte er daheim in die Stube. »Helft, helft!«

Die Marnach-Großmutter, eisgrau, aber aufrecht und voll grimmigen Mutes, griff nach einem ordentlichen Besenstiel, schrie ihrer Magd: »Marei, komm mit!« und dann hinaus, von Haus zu Haus. »Du, Lies, du, Bärbel, Madlen, Gritt, Sus, heraus! Der Pfarrer sitzt im Bertrandhause, und der Gendarm will ihn fangen. Können wir das zugeben, dass ein Priester Gottes gefangen wird? Voran, nicht gesäumt! Die Hanfschwinge geholt, den Spinnrocken! Du, Ann, die Heugabel! Sie sollen merken, was es heißt, wenn die Frauen kommen.«

Im Handumdrehen waren alle bereit. Und es war gewiss ein seltsamer Trupp, der durchs Dorf zog. Der Gendarm Denis machte Augen wie Tassen, als er mit dem gefesselten alten Priester aus dem Bertrandhause kam. Was wollten die Weiber denn? Das sah ja ganz gefährlich aus. Und plötzlich stand die grimmige Marnach-Großmutter vor ihm und hielt ihm die Arme fest. Und hinter ihm, neben ihm hängte es sich an ihn, zog und zerrte und ließ nicht los und beschwerte ihn wie mit Bleigewichten. Wie in einem dichten Klumpen Bienen steckte er, und wie er auch fluchte und sie abzuschütteln suchte, er steckte fest, einfach fest. Und da stand zum Überfluss noch eine Gruppe, die schwang ihre Besenstiele und Spinnrocken wie Schwerter, und alle riefen: »Den Herrn Pfarrer wollen wir freihaben. Den rührt nur nicht an!«

Und natürlich hatten sie ihm schon die Fesseln gelöst. Und Herr Oehmchen schritt selig lächelnd die Dorfstraße hinab, frei und ungehindert. Der dicke Gendarm tobte und fluchte Himmel und Hölle zusammen. Es nützte nicht. Er war in stärkeren als eisernen Ketten. Was konnte er denn gegen diese Weiber machen!

Es war also nichts mit dem Fang für diesen Morgen. Langsam ließ Denis sein Pferd dem Wald zutraben, der, wie er wusste, des Pfarrers Schlupfwinkel barg. Diese wilden Oeslingwälder waren zwar wie Fallen mit tausend Löchern. Aber man konnte nicht wissen, man konnte nicht wissen …

Denis ritt und ritt durch den Wald. Nichts war zu hören als das Rauschen des Regens und der Schneeflocken im dürren Gelaub. Plötzlich kam Unruhe über ihn. Wie unheimlich es doch hier war! Allerorts gab es Aufstände im Oesling. Nun, wenn ihm hier ein paar von diesen Bauernrebellen begegneten, dann wusste er, was ihm blühte. Er gab seinem Pferde die Sporen und galoppierte durch die Waldstille. Aber auf einmal stolperte das Tier über eine Baumwurzel, und der Reiter flog gegen einen Baum. Mit gebrochenem Bein blieb er liegen.

Das Pferd war weitergerast. Er hörte nichts mehr von ihm. Furchtbar stand die kalte Einsamkeit des Waldes um ihn.

Eine halbe Stunde mochte er so gelegen haben, da machte er einen Versuch, sich weiterzuschaffen. Aber eine solche Qual peinigte ihn dabei, dass er vor Schmerz brüllte.

Herr Oehmchen war indessen in Zickzackwegen durch den Wald geflüchtet, seinem Schlupfwinkel zu. Und je länger er durch die Wildnis irrte, um so schwerer wurde ihm das Herz. »Es ist bald Weihnachten«, dachte er. »Ach, für mich kommt kein froher Christtag mehr. Ewig gehetzt und verfolgt ...«

Da hörte er plötzlich ein lautes Stöhnen.

»Was ist das?«, dachte er und blieb stehen. »Sollte da ein Mensch in Not sein?«

Er ging in der Richtung weiter, woher das Stöhnen gekommen war. Und als er die Zweige eines Tannengebüsches auseinanderbog, prallte er zurück. Denn dort lag sein grimmigster Feind vor ihm und konnte nicht von der Stelle.

Einen Augenblick stand Herr Oehmchen fassungslos. Eine Stimme in ihm frohlockte: »Den hat es endlich erwischt ...«

Aber dann schob sich ein mildes Antlitz vor ihn. Und eine andere Stimme sagte: »Liebet eure Feinde!«

Und schon kniete der alte Mann neben dem Verunglückten. »Was ist Euch geschehen? Ich will Euch helfen.«

Es klang warm und brüderlich. Aber der Gendarm gab keine Antwort, biss in ohnmächtigem Schmerz die Zähne zusammen. Wie sollte der Alte dort ihm helfen? Er, der jahrelang von ihm gehetzt und verfolgt worden war. Trieb wohl nur Spott?

Aber Herr Oehmchen trieb keinen Spott. »Das Bein scheint gebrochen«, sagte er mitleidig.

Er erhob sich, brach einen Arm voll Tannenreisig und schob es unter das verletzte Bein, um es gerade zu lagern.

Denis unterdrückte nur mit Mühe ein Stöhnen.

»Welche Schmerzen Ihr doch habt! Wartet!« Herr Oehmchen griff in die Tasche und zog ein Fläschchen Branntwein heraus, das die Bertrandleute ihm im letzten Augenblick beigesteckt hatten. Er hielt es dem Gendarm an die Lippen. »Trinkt, es wird Euch gut tun!«

Denis wollte nicht. Aber Herr Oehmchen schüttete ihm den Feuertrank ein, und da musste er schlucken. Und es tat ihm wirklich gut, das merkte man.

»Aber was nun?«, sagte der Priester. »Hier könnt Ihr nicht liegen bleiben. Und allein kann ich Euch nicht fortschaffen. Ich muß sehen, wie ich Euern Leuten Nachricht zukommen lassen kann.«

»Er geht und kommt nicht mehr zurück«, dachte der Gendarm.

»Nur habe ich Angst, was in der Zwischenzeit mit Euch geschehen könnte. Ihr wisst, Freunde habt Ihr unter den Oeslingleuten nicht.«

Er zog seinen dünnen, schäbigen Rock aus und warf ihn über den Gendarm. Dann ging er wieder hin, brach Tannenreisig und kraute es über den Verletzten. »So, damit nicht jeder Euch von weitem sieht. Aber Ihr merkt ja, wenn es Freunde sind. Und nun lasse ich Euch allein und hole Hilfe.«

Herr Oehmchen stapfte tapfer voran. »Hätte ich jetzt das Lambertchen hier!«, dachte er. »Der Junge wäre der beste Bote, den ich nach Arzfeld zu den Leuten des Gendarmen hinschicken könnte.«

Unverhofft ging sein Wunsch in Erfüllung; denn der Schlingel Lambert hatte sich auf die Beine gemacht und war dem Gendarm in guter Entfernung gefolgt. Er musste nämlich wissen, ob er den Herrn Oehmchen am Ende nicht doch noch finden werde. Er tat so, als sammle er Holz. Hier ein Reis, dort ein Reis. Kein Gendarm hätte Verdacht schöpfen können.

Welch ein Gesicht machte der Junge, als er Herrn Oehmdhens Auftrag vernahm. Man konnte ihm deutlich anmerken, dass er dachte: »Aha, der Gendarm! Endlich! Oh, das ist mal gut. Und in diesem Falle habe ich ja Zeit.«

Aber Herr Oehmchen sah ihn ernst an, so als hätte er alles in ihm gelesen. Und er sagte: »Wir sind Christen, Lambertchen.«

Hm, da blieb einem ja nichts anderes übrig, als zu tun, was Herr Oehmchen wollte. Da war wirklich keine Schlingelei zu machen. Und der Junge sauste fort.

Der Priester kehrte zu Denis zurück. »Eure Leute werden bald kommen«, tröstete er ihn. »Es tut mir leid, dass Ihr solche Schmerzen habt.«

Der Gendarm lag in glühender Verlegenheit. »Ich sein Eure Feind«, stieß er schließlich hervor. »Warum helfen Ihr mir?«

»Weil der Herr Jesus mein Meister ist«, sagte Herr Oehmchen und wusste selbst nicht, warum die Tränen ihm in die Augen schossen. Und dann auf einmal war es ihm, als ob sein Herz, das ihm wie ein Eisklumpen in der Brust gelegen hatte, zu tauen beginne. Rasch und selig, dass die Herzflut aufrauschte in einer wunderbaren Freude: »Christus ist geboren.«

Er kniete da, streichelte Denis die Hände und sprach ihm Worte der Ermutigung zu.

Bis er in der Ferne Leute von Arzfeld kommen hörte. Da verschwand er im Walde.

Immer noch war die große, die wunderbare Freude in ihm. War der Wald noch kahl? Ach was, dies war der schönste Weihnachtswald! Hinter jedem Busch winkten Wunder. Christus war geboren. Geboren im Herzen Herrn Oehmchens. In seiner Kraft hatte er dem geholfen, der sein Feind war.

Konnte er jetzt noch im Walde bleiben? Er wanderte zurück zum Dorfe, spürte nichts von Schnee und Kälte. In einer Scheune sammelte er seine Pfarrkinder und predigte, nein, jubelte ihnen zu, dass Christus geboren, dass Weihnachten war.

Mittendrein fiel ihm ein, dass noch Advent war. Ach, was schadet das! Christus war ja doch geboren. Es war Weihnachten in seiner Seele. Und aus dem Herzen des armen, alten Priesters rauschte eine so überreiche Freude in die Herzen all derer, die dort in der Scheune versammelt waren, dass sie zutiefst begriffen, was Weihnachten war, und dass sie sich reich und glücklich vorkamen in all ihrer Bedrängnis.

Weihnachtsglöcklein

Eifeler Weihnacht anno 1886
Dr. Christel Schmitz

Ich habe immer geglaubt, dass es auf Erden nichts Schöneres, nichts so eigentlich Märchenhaftes geben könnte, als wenn in den Dämmer des Heiligen Abends hinein plötzlich das erwartete Geklingel des Christkindchens durchs Haus schallte und unter den Weihnachtsbaum rief, und man dann vor strahlendem Lichterglanz stand, der den überreichen Gabentisch überblendete und fast verbarg, während die alte, liebe »Stille Nacht« durch den Saal tönte. Dennoch habe ich mir sagen lassen müssen, dass Weihnachten auf unserem einsamen Hofe in der Ebene nicht zu vergleichen gewesen sei mit dem Weihnachten meiner Großeltern, die im Dorf wohnten. Es war ein kleines Eifeldorf mit einem alten gräflichen Burg- und Mühlengut. Nur wenige Schritte von der Kirche entfernt lag der Pachthof meines Großvaters, und wer einen holprigen Seitenweg zum Kirchlein hinanstieg, der kam am rauschenden und spritzenden Mühlrad vorüber und an dem kleinen, von Tannen begleiteten Bergflusse, der es trieb. Das Haus meiner Großeltern war das einzige im Dorfe, das dazumal einen Weihnachtsbaum hatte, aber der war dann um so größer, und an der Christfeier nahm fast das ganze Dorf teil. Sie fand nicht am Heiligen Abend statt, sondern am Weihnachtsmorgen in aller Frühe, wenn das Dorf und die großelterliche Familie aus der Christmette kamen. Meines Großvaters Arbeitsleute mit ihren Familien, die Dorfarmen der Großmutter und schließlich der Lehrer mit allen Schulkindern machten sich von der Kirche aus auf zu meinen Großeltern. Singend zog die Schule die verschneite Kirchgasse hinab und wartete vor der Tür des gastlichen Hauses noch ein wenig, bis sie geöffnet wurde und die Kinder hineinströmen durften in den großen Saal, wo der Christbaum aus Großvaters eigenem Eifelwald brannte. Auf langen Bänken lagen die Geschenke für Schulkinder und Hofleute geordnet: Kleidungsstücke und »Zuckerguts«, für die Kleinen noch ein

Spielzeug oder ein kindliches Musikinstrument, das jetzt vielleicht verstohlen »probiert« wurde und gleich draußen in der frostigen Morgenluft zum vollen Tönen gebracht werden durfte. In einer Ecke des Saales, in nächster Nähe des Klaviers, war der Gabentisch für die fünf Kinder der Großeltern. Meine Mutter war schon ein erwachsenes Mädchen und hatte bei dieser Feier ihren Platz am Klavier.

Sie war nicht wie die anderen jungen Mädchen von den Höfen, die man auf den Bällen der Umgegend und der Kreisstadt zu sehen pflegte. Zwar nicht das Tanzen – aber Kochen, Backen und Einmachen lagen etwas außerhalb ihres Bereichs. Mit sechszehn Jahren war sie des Großvaters Bürogehilfin und bald sein Bürovorsteher geworden. Aber sah man es diesen schlanken, kraftvoll durchgebildeten Fingern nicht an, dass sie lieber die Tasten des »Pianinos« (wie man damals sagte) anschlagen mochten als die Kontofeder führen? Wenn die Post im Büro abgegeben wurde, dann suchte das sonst musterhafte Mädchen manchmal nicht zuerst nach den Berichten der Getreidebehörde, sondern nach der vierzehntägig einlaufenden Musikzeitung, die ihr der Großvater verschrieben hatte. Er war zwar in erster Linie Landwirt, entbehrte aber doch nicht eines feinen Geschmacks für den sinnigen Schmuck des Lebens. Freilich gab es im Dorfe keinen anderen Klavierlehrer als den alten Volksschullehrer, bei dem seine Älteste einst schreiben und rechnen gelernt hatte. Es zog nun manches Mal die schöne Stirn kraus und verbesserte den Lehrer still für sich, bis es schließlich in den Übungsstunden fast eher sich selber Lehrerin wurde, als dass es bei dem alten Mann noch viel zu lernen gehabt hätte.

So ereignete sich denn eines Christabends das Folgende: Der Weihnachtsbaum strahlt im Saale der Großeltern, und die Tür hat sich hinter den eingetretenen Dorfleuten und Schulkindern geschlossen. Da ertönt aus der Klavierecke ein Spiel wie ein silbernes Klingen und Läuten, und zwei Kinderstimmen – eine etwas schüchterne Kleinmädchenstimme und eine glockenhelle Knabenstimme – heben an zu singen:

»Weihnachtsglöcklein, ach, so läute,
Läute uns den Tag heran,
Wo wir Kinder große Freude
Haben an dem Weihnachtsbaum.
Klingling. Klingling.«

Es war meine Mutter, die spielte, und ihre jüngsten Geschwister sangen. Ganz heimlich hatte sie ihnen ein neues Lied aus ihrer Musikzeitung eingeübt. Die großen Leute standen ganz benommen da, die kleinen Kinder verstanden das Klingen des Weihnachtsglöckleins, der Großvater hatte Tränen in den Augen, und der alte Lehrer kam, als er sich von der ersten Überraschung erholt hatte, auf meine Mutter zu und schüttelte ihre beiden Hände. Mein Großvater ließ sich in den Weihnachtstagen das Stücklein ein über das andere Mal wiederholen, während er in der Sofaecke des Weihnachtszimmers saß und seine lange Pfeife rauchte.

Allen Leuten aber, die als Kinder damals dem Liedchen lauschten, mag unter dem brennenden Lichterbaum heute noch seine Melodie durch die Seele klingen.

Bauernweisheiten

Kommen des Nordens Vögel an,
Zeigt es starke Kälte an.

Dezember kalt mit Schnee
Gibt Frucht auf jeder Höh'.

Fällt der erste Schnee in den Dreck,
Wird der Winter ein Geck.

Wie's daheim einst war
Weihnachtserinnerungen von Dr. August Detrée

Landsleute draußen in der Welt, Jugendfreunde aus meinem Heimattal, gebt mir die Hand! Ob ihr im »Niederland«, im zuckenden Feuerschein der Hochöfen steht, oder im Flöz unter Tage den Hammer schwingt, ob ihr euch müht mit Kopf und Hand in Schreibstube und Fabrik, ob gar die Wogen des Ozeans donnern zwischen euch und dem alten Europa – kommt, ihr alle! Die Weihnachtsglocken rufen über Meer und Land, über Berg und Strom, sie locken und laden uns in das Tal unserer Heimat, in unser Jugendland!

***

Hei, wie die Schlitten sausten! –

Samstagnachmittag. Und morgen hat »Jäbchen« Ruh. Jäbchen ist der Kosename für Jakob, und so hieß (das bemerke ich für alle, die nicht das Glück hatten, mit uns die Schulbank zu drücken), der Eichenknüppel, der auf dem Schulkatheder hinter dem Violinkasten ein leider wenig beschauliches Dasein führte. Jäbchen hielt den sechsstündigen Arbeitstag pünktlich ein und gönnte sich von acht bis elf und von eins bis drei nicht die mindeste Ruhe. Die Schlummerkissendevise »Nur ein Viertelstündchen!«, stand nicht in seinem Arbeitsprogramm. Gelegentlich machte der Unermüdliche sogar Überstunden, dann nämlich, wenn er sich mit jenen Unglücklichen zu beschäftigen hatte die »sitzen bleiben« (nachsitzen) mussten. Kurzum: Jäbchen war einer, der seinesgleichen suchte. Wie alle überragenden Größen war er seiner Zeit weit vorausgeeilt. Denn in einer Epoche, die von den Höchstleistungen unseres modernen Sports noch keinen blassen Schimmer haben konnte, hat er – das sei mit berechtigtem und deshalb verzeihlichem Lokalpatriotismus hier angemerkt –, schon manchen Rekord »geschlagen«! –

Jäbchen schlief hinterm Violinkasten. Mochte er. Samstagnachmittag war's, und die Schlitten sausten.

Und nun erheb' ich eine Frage. Mancher oder manche mögen vielleicht später in einer Mercedes-Benz-Luxuskarosserie durch paradiesische Gefilde an immergrünen Meeresküsten vorübergeglitten sein, das Herz voll traumhaften Glückes über soviel Erdenschönheit – aber ich frage ihn oder sie: War's nicht ein viel größeres Glück, eine viel stolzere Freude, damals auf dem kleinen, roh gezimmerten Holzschlitten, als wir die Hänge hinuntersausten und unsere unbändige Daseinsfreude hinausschrien in die Winterluft der heimatlichen Berge? Und ich frage weiter: Wo kauften wir uns ein fröhliches Herz in den Tagen der Gegenwart, wenn wir uns dieses Herz mit dem tapferen steten Gleichklang nicht herübergerettet hätten aus der seligen Jugendzeit unserer Eifelheimat ...

Wunderbare Wochen vor dem Fest! Allerdings auch schwere Wochen, denn man kam aus dem »Bravsein« nicht mehr heraus. Zuerst die gefährliche Drohung vor dem Nikolausfest: »Wenn Du Dich nicht schickst, weißt Du Bescheid!« Und nach dem 6. Dezember gab es auch keine Unterbrechung des gesitteten Benehmens, denn dann bezog sich dieselbe Ankündigung auf die Gaben des Christkindchens. Uns so wurde denn in diesen Wochen ein großer Burgfriede zwischen oberem und unterem Ortsteil (der enneschter und der eweschter Jaaß) geschlossen und ebenso wurde die Austragung verschiedener Privatfehden zwischen Jired und Mättheschen, Klaos und Hänneschen auf das neue Jahr vertagt.

So standen wir denn einträchtig in der Dämmerung der Adventstage vor den Schaufenstern, aus denen die vielen Herrlichkeiten lockten und ergingen uns in tausend Erwägungen: ob und was und warum nicht ...

Ja, es waren wunderbare Wochen der Erwartung.

Manchmal stand glühendes Abendrot überm Buchholz und dem Mühlbachtal. Dann »backte« das Christkindchen ...

Und nun kam der Heilige Abend. Wer ihn einmal erlebt hat in dem tiefen winterlichen Schweigen eines verschneiten Hochtals, vergisst ihn nie. Goldener flammen die Sterne, stolzer heben die Berge ihr Haupt. Gesang wird das Rieseln der Bäche, zum Orgelton das Rauschen im Forst. Und alle Hänge, alle Talgründe breiten ihre weichen Hermelindecken dem Christkind unter die Füße ...

Heute flammt im kleinsten Hause der Weihnachtsbaum im Glanz der Kerzen, im Flimmerschmuck der bunten Herrlichkeit. Damals war's anders. Da gab's nur einen Christbaum bei Doktors, bei Amtsrichters, bei Apothekers, bei Katasterkontrolleurs, also bei den Zugezogenen, bei den »Herrschen«. In der Eifel war der Lichterbaum nicht bodenständig. Da standen die Weihnachtsbäume draußen in der großen, weiten, hellen Stube der Eifellandschaft. Keine Watte lag auf ihren Zweigen, wie drinnen im engen Raum, keine bunten Kerzen flackerten auf ihren Ästen. Aber der Mond hängte all den verwirrenden, märchenhaften Zauber seines Goldgeschmeides um ihren schlanken Wuchs, und auf ihren Kronen flammte der herrlichste Edelstein der Welt, der Abendstern.

So war uns Jungen damals der Weihnachtsbaum fremd. Wir standen wohl auf der Straße und sahen durch die hellen Scheiben den buntgeschmückten Baum, und mancher durfte auch ins Haus kommen und musste dann mit den anderen Kindern Hand in Hand um den Baum schreiten und singen: Ihr Kinderlein kommet! Und die »herrsche Frau« lachte uns dann wohl freundlich zu, aber wir waren befangen und freuten uns, wenn wir bald wieder nach Hause gehen konnten. Er war uns eben fremd, der bunte schillernde Baum.

Nicht fremd, sondern lieb und vertraut war uns das Krippchen in der Kirche. Ach Gott dieses alte Kirchlein im Scheunenstil! Viel zu klein war es für die riesengroße Pfarrei mit ihren stundenweit in den Bergen verstreuten Dörfern und Weilern, aber unser aller Sehnsucht geht noch heute, wo ein neues geräumiges Gotteshaus an derselben Stelle steht, nach dem armen alten Kirchlein unserer Jugend. Es war ein richtiger Bethlehemsraum in seiner rührenden Dürftigkeit. Ach, wenn es dann im Kerzenglanz der Weihnachtsmette strahlte, wenn die Orgel brauste und die alten, süßen Sänge tönten von der Heiligsten Nacht und Jesu lieblicher Mutter: Es ist ein Ros' entsprungen …

Vom Sakristeispeicher hatte der Küster das Krippchen heruntergeholt. Wir standen davor, und des Staunens war kein Ende. Oh Gott, war das schön! Und die Kerzen flammten, der Weihrauch stieg in schweren Wolken, und die Orgel sang …

Ja, das war unser Christkindchen, das war heute in unser stilles, weltentlegenes Eifeltal gekommen! Und wie weiland die armen Hirten, so waren sie heute alle gekommen, die Männer und Frauen der harten Arbeit aus den Eifelbergen, stundenweit; auf tief verschneiten Wegen, von Höfen und Weilern waren sie gekommen, das Christkind zu ehren.

Später hab ich in Hohen Domen und Kathedralen unsterblicher Meister hehre Weisen rauschen hören durch die lichterstrahlende Weihe der Weihnachtsmette – aber all der Glanz und Prunk verblasst vor der unendlich süßen Weihnachtsfreude daheim im armen Talkirchlein der Heimat …

Die Orgel sang, und die lieben alten deutschen Weihnachtslieder rauschten ihr jubelndes Frohlocken in die Herzen von Greis und Frau und Kind. Dann ein Schellenklingeln: Die Wandlung naht. Tiefe Stille. Und nun hob eine Violine an, und durch den Weihrauchduft und Kerzenglanz des Christnachtswunders klang es leise, wunderleise: Stille Nacht, heilige Nacht!

* * *

Landsleute draußen in der Welt und ihr alle, alle daheim in der »Freiheit«: nehmt frohe Weihnachtswünsche und Grüße von einem, der sich mit Stolz zu euch und unserer herrlichen Heimat bekennt, nun und immerdar!

Eifler Wald-Weihnacht

Eduard Schorn

Winter-Sonnenwende! Der Hochwald ruft; das weitge-
streckte Bergland lockt! Das gewaltige, einzigartige
Naturgebiet da droben in der Westmark erstrahlt in blendend-
weißem Samt.

Da regt mit Macht sich's in des Wandrers Brust, da packt's, da
wogt's, ein Auf und Nieder, ein Verlangen, ein Drängen … hinaus! Hinaus aus dem erdrückenden Großstadtbrodem, dem rat-
ternden Getöse, dem endlosen Gewirr hastender, flutender Men-
schenströme, immer nur hinaus, hinaus in die Schneeberge, die
eisigen, ins Ätherblau, hinauf in den festlich geschmückten Bergwald, in die erquickende Stille des traumverlorenen Tannendoms,
so recht erlesen, dem abgerackerten Alltagsmenschen das große
Geheimnis einer Wald-Weihenacht in die Tiefe seiner Seele zu
versenken …

Die Wald-Weihenacht: O welch großer Zauber heimischer
Sitte und heimischen Brauchs umkleidet nicht das traute Wort
»Wald-Weihnachten«; wie Sphärenklänge, wie leichtes Flügel-
rauschen dringt's in unser Innerstes, entflammt das Herz, unsere
gedanklichen Regungen und zittert nach in unserem Geist und
Gemüte. Wohl kein Geheimnis ist tiefer, beseligender als das der
geweihten Nacht, keins aber auch packender, die ganze mensch-
liche Wesenheit so tief erschauern machend als der jahrtausend-
alte, mit dieser Weihenacht verwobenen machtvolle Legenden-
kranz, genährt aus der Überlieferung uralten nordgermanischen
Volkstums, germanischer Sitte und Brauchs: das Julfest –, ein dem
Sonnengott Fro oder Frey geweihtes Fest der winterlichen Son-
nenwende, der Wiederkehr des Lichts den in Nacht und Eis
befangenen nordisch-arischen Völkerstämmen. Seit dieser Zeit
leuchtet es, insbesondere in den germanischen Ländern, geheimnisvoll um den Weihnachtsabend –, die allerheiligste der zwölf
geweihten, legendenvollen Nächte –, allüberall auf, und ein

Strom der Herzensfreude, allen unseren Mitbrüdern Gutes zu erweisen, durchfließt an diesem Tage uns allesamt.

Willst aber du, wollen wir – liebe Sport- und Wanderfreunde allzumal –, wollen wir aus unserem unlöslichen Hange am Naturleben, der tiefen Verkettung unseres Gefühlsbewusstseins mit Berg und Wald echte Weihnachtsgedanken, eine köstliche Weihnachtsstimmung erleben, so suchen wir sie keineswegs im Großstadttreiben, etwa bei Weihnachtskarpfen und Sekt …, nur schlicht, natürlich und gemütvoll darf diese Weihestunde erlebt werden.

Folgt also mir in die winterliche Waldeinsamkeit …, just heute Nacht, wo ein scharfer, eisiger Nordost da droben im weiten Bergwald sein ausgelassenes Spiel mit den großsternigen Schneeflocken treibt, ein gar lustiges Durcheinanderwirbeln anhebt, als ob alle diese munteren, millionenzähligen, leichtbeschwingten Luftgebilde teilnehmen wollten an der allgemeinen Freude, die heute, am Weihnachtsabend, die Menschen beseelt. Hei, wie der stürmische Recke, aus vollen Backen pustend und pfeifend, zu einem wilden Festtanz aufspielt, wie er mit seinen stämmigen Armen den jungfräulichen Bodenschnee anfasst, um ihn, in sausendem Wirbel um unsere Köpfe schwenkend, dem entfernten Waldrande als Schneewechte zuzuschieben –, das Präludium der nun folgenden Weihnachtssinfonie …

Eine Schneesenke überquerend, befinden wir uns jetzt in dem hochgewölbten Waldesdom. Stiller, weltentrückter als jemals in den sommerlichen Tagen, an denen das Rauschen des Laubwerks im Wechselspiel mit den vielstimmigen Liedern der kleinen befiederten Sänger, da und dort wohl auch der durchdringende Schlaglaut einer schweren Holzaxt mit dem Splittern und Krachen des fallenden Stammes das tiefe Schweigen des Waldes durchbrachen, umfängt jetzt eine traumhafte Ruhe den vom Märchenzauber einer winterlichklaren Sternenpracht übergossenen, von den ansteigenden Bergkämmen wie ein Kleinod beschützten Forst. Das Schneetreiben hat für einen Augenblick ausgesetzt; eine prickelnde, wohltuende Wärme, durchzieht das Blut. Göttliches

Künden –, eine weihevolle Feststimmung in leuchtendem, weiß-
glitzerndem Festgewande; das leichtere Unterholz, das Zweig- und
Strauchwerk, die Stauden und Gräser über und über mit den
prächtigst-schimmernden Eiskristallen behangen –, reichlicher
jedenfalls und entzückender, als vielleicht jemals Menschenhand
einem Weihnachtsbaume die strahlende Anmut zu verleihen
fähig wäre. Andächtig, im Banne dieses wunderbaren Naturbil-
des erschauernd, empfängt die Seele die Weihe der schöpferischen
Kraft, das tiefe Geheimnis vom Wollen anderer Welten.

Da plötzlich regt sich's in dieser feierlichen Kirchenstille –,
knackendes Geräusch im Unterholz …, tapp – tapp – tapp,
Schnauben! Oh, ein Sprung Rehe zieht aus dem Holz hervor, um
an den Weidenhölzern des vereisten Wiesenbachs da unten ihre
dürftige Atzung zu gewinnen. Der alte Greis da vorne sichert –
es sei aus angeborener Vorsicht oder sei es gar und das ist wohl
für Weihnachten das Naheliegende –, dass ihr die ungewöhnli-
chen Glockenklänge unten aus dem Taldörflein besonders auf-
fallen; denn das zur Mette einladende Läuten erklingt merkwür-
digerweise viel voller, eindringlicher durch den Frühmorgen als
das Glöcklein zur Vesperzeit. Ja, das Christfest verkündet der
Glockenklang, und zum Walde herauf grüßt feierlichst mit seinen hellerleuchteten Fensterlein das kleine allehrwürdige Dorf-
kirchlein, glitzern durch den Raufrost gleich zitternden Fünkchen
die kleinen Windlichtlein der nächtlich zur Messe hinabstei-
genden Bergbewohner, männiglich robuste Bergbauern im behä-
big gemessenen Zweitaktschritt, die dicken Fellmützen über die
Ohren bis tief ins Gesicht gezogen, die rotwangigen jungen
Frauen und Mädchen, keck und schelmisch lachend, leichtfüßig,
trippelnd wie Gazellen.

In schnellen Sprüngen sind unsere Rehe verschwunden …
Ganz unbesorgt mögt ihr, meine lieben, wildgehetzten, schwarz-
äugigen Waldgesellen euch heute fühlen; denn selbst des verwe-
gensten Wilderers Brust erfüllen in dieser Nacht sanftere Regungen, und der gestrenge Herr Forstwart erfreut sich mit den Sei-
nigen in der wohlgewärmten Stube des tiefeingeschneiten

Forsthauses – man gewahrt das Glitzern der Kerzen durch die Scheiben – so recht behaglich am strahlenden Weihnachtsbaume …

Horch, horch …, die Mette …, Orgelpräludien –, der altehrwürdige weißgelockte Dorfküster, der geborene Choralmusikus, mit buntbeflicktem schwarzem Samtkäppchen intoniert das wundervoll erhebende »Stille Nacht, heilige Nacht«, das, seit Wochen wohldurchgeübt, von den silberhellen Knaben- und Mädchenstimmen im feinsten »Pianissimo« eingeführt, von den sanft einfallenden Frauen-Altstimmen aufgenommen und nun wie orkanhaftes Brausen mit Donnergetöse von den mächtigen Bergbauernbässen über das Gewölbe des Kirchleins hinausgetragen wird durchs stille Engtal, hinauf zum Eifler Bergwald, zu den Kämmen …, hinauf zum Firmament.

»Und Frieden auf Erden«, verkündet darauf der Dreiklang der Weihnachtsglocken, und »Freude jeglicher Kreatur.«

Bauernweisheiten

Ist die Christnacht hell und klar,
Folgt ein höchst gesegnet Jahr.

Eine gute Decke von Schnee
Bringt das Winterkorn in die Höh'.

Wenn das Eis um Weihnacht kracht,
Gibt's Heu und Korn in voller Pracht.

Bringt die Christnacht Schnee und Wind,
Freut sich Bauer, Ochs und Kind.

Vor Weihnachten
Heinrich Ruland

Es geschieht zuweilen, dass einem Menschen, der ziellos und ohne tiefere Gedanken durch die Straßen fremder Städte wandert, mit einem Mal ein Ding in die Augen fällt, daß ihn mit Macht und unwiderstehlich an seine ferne Heimat erinnert; mag die Heimat noch so klein und armselig sein, er sieht sie dann in einem Lichte, das allen Glanz der Fremde überstrahlt und auf viele Tage und Wochen leuchtend über seinem Leben steht.

Und wenn dies Ding gar ein Bild irgendeines Dorfes, eines Berges oder eines Tales ist – nicht einmal ganz der Wirklichkeit ähnlich und von einem Maler zu malerischen Zwecken leicht hingezeichnet –, ach, voll stiller Freude und Zufriedenheit lebt er plötzlich daheim, lebte sein ganzes bisheriges Leben noch einmal im Raume von wenigen Stunden und glaubt am Ende, niemals aus der Heimat fortgewesen zu sein und keine andere Luft als ihre geatmet zu haben.

So erging es dem jungen Soldaten, den der Krieg im Norden Frankreichs fest hielt, und der glaubte, Heimweh und Verlangen nach der Heimat längst abgetan und wie eine seinem Handwerk lästige Fessel von sich geworfen zu haben.

Es war um die Weihnachtszeit, und ein paar Soldaten war Gelegenheit gegeben, Paris, die Hauptstadt des Landes, worin sie lebten, kennenzulernen. Der junge Soldat hatte sich nicht vorgedrängt, und da er schlichten und einfachen Sinnes war und zum erstenmal in einem fremden Lande weilte, daß ihm bisher als ein unerreichbares, nicht zu begreifendes Ausland galt, verlockte es ihn nicht sonderlich, die Schönheiten der Weltstadt kennenzulernen. Nie war Paris in seinem Gesichtskreis aufgetaucht, und wenn er bisher den Namen der Stadt, sei es in der Schule, sei es im Gespräche mit seinen Kameraden, nennen hörte oder selbst nannte, dachte er immer an das Venn, hoch oben im Norden seiner Heimat, über dem seltsame Blumen wuchern und seltsamere Irrlichter gespenstisch tanzen.

Nun schlenderte er inmitten eines kleinen Häufleins Feldgrauer durch ihre Straßen dahin. Es war doch vieles anders, als er es sich vorgestellt hatte. Das silbrige Grau, das in den Morgenstunden zart und leuchtend und wie ein leichter Duft über den vielzackigen Häuserreihen gestanden hatte, war einer Wolkenmasse von bleierner Schwere gewichen. Ein kalter Nebel rieselte hernieder und fiel in einzelnen größeren Tropfen aus den fast entlaubten Bäumen der Boulevards. Die großen Läden zeigten in gedämpftem Lichte ihre Auslagen; eine betörende Pracht, für die der junge Soldat kein Verständnis hatte. »Gott, wie sieht das alles so gemacht, so berechnet aus, so kalt in diesen Tagen vor Weihnachten«, sprach er zu sich selber und wandte sich ab. Dann lachte er leise in sich hinein und wunderte sich über den Vergleich, der ihm plötzlich einfiel und der ihm nach einigem Überlegen wieder nicht ganz richtig schien: »Eine alternde Schönheit, die sich fein macht!« Nein, das war es nun gerade nicht, denn die herbe Not des Krieges hatte diesem Gesichte ihre Furchen eingegraben, und verdecktes Leid konnte auch hinter dem gleichgültigen Mienenspiel nicht ganz verborgen bleiben.

Der Offizier, der die Schar führte, war ein prächtiger, älterer Herr, der vor vielen Jahren seines Studiums wegen in Paris gewohnt hatte: er kannte die Stadt bis in ihre engsten Winkel hinein, und wenn er mit wenigen Worten seine Erklärungen gab, Inschriften übersetzte und an geschichtliche Vorgänge und Merkwürdigkeiten erinnerte, so fühlte ein jeder der Soldaten das Bestreben heraus, ihnen das Wesen der seltsamen Stadt nahezubringen, damit sie abwögen und verglichen. Sein Französisch klang, wenn er Auskünfte einholte, nicht anders als die Sprache der Einheimischen und war auch ebenso höflich wie diese.

So war dann der junge Soldat mit auf den Montmartre gestiegen, hatte von der Treppe einer bizarr gestalteten Kirche aus das ungeheure, aus grauen, gelben und blauen Tönen gemischte Meer der Stadt überschaut und hatte sich schließlich verlegen und Überraschungen fürchtend, dem unterirdischen Getümmel der Metro anvertraut. Es gab also doch etwas in dieser Stadt, was ihm ein Wunder schien, was seine Sinne gefangennahm und sich schließlich wie die Müdigkeit langer Wanderungen an seine Glieder heftete. Der Arc de Triomphe riß ihn wieder auf. Vor dem Grabmal des »Unbekannten Soldaten« hob er die Hand an die Mütze zum Gruße für den Soldaten da unten und – es war eine schmerzliche Erinnerung – für die gefallenen Kameraden seiner Batterie: Mort pour la Patrie! Er hatte in Frankreich genug Französisch gelernt, um das zu verstehen.

Es war schon am späten Nachmittag, als der Trupp wieder an der Seine anlangte. Der Führer bezeichnete mit einer knappen Handbewegung ein kleines Hotel, nicht weit vom Ufer, in das sie einkehren wollten, um das Abendessen zu verzehren; es sollte der Schluß des Besuches in Paris sein und war darum als gutes Ende eines denkwürdigen Tages von dem Offizier mit Liebe und ergötzlicher, teilnehmender Freude zusammengestellt worden. Sein väterliches Gesicht strahlte, wenn er sich die Überraschung der braven Landser, die von Hause alles Söhne kleiner Leute waren, ausmalte. »Keinen Dank, liebe Jungen«, murmelte er für sich hin, »alles gerne geschehen und nicht zu teuer! Habt noch eine lange Bahnfahrt vor euch, und etwas Materielles muß euch Paris doch mitgeben. Also, bitte, keinen Dank!«, und dann blickte er plötzlich scheu um sich, ob niemand sein Selbstgespräch belauscht hätte. Aber die Autos huschten über das nasse Pflaster, das Wasser der Seine rauschte, von einem Ruderschlag bewegt, auf, und an ein paar Frachtkähnen klirrten die Ankerketten. Die grünen und roten Positionslampen erforderten volle Aufmerksamkeit.

Der junge Soldat kannte nun seinen Weg. Er ließ seine Kameraden vorangehen und verlangsamte seine Schritte. Die dunkle Masse der Notre-Dame-Kirche stand vor ihm und wuchs abenteuerlich in den Himmel, der geradezu auf ihren stumpfen Türmen zu ruhen schien. Es war ein eigenartiges Bild, und doch erinnerte es ihn an die Felsen in seinem Heimattal, um die es so stille und einsam war wie jetzt zu dieser Stunde um die Kirche. Block türmte sich auf Block, in spitze Zacken und Zinken, leicht zerbröckelnd und wie durchsichtig, lief das ganze aus, und die vielfältigen, kaum noch deutlich zu erkennenden Fratzen der Wasserspeier waren wie Gestalten der Fabel und der Sage, womit er in seinen jungen Jahren die einsamsten Gegenden der Eifel bevölkert hatte. »Wo bin ich? Wo stehe ich?«, dachte er, und er fühlte, wie die Weltstadt um ihn versank, wie er hinausgetragen wurde aus ihren Straßen und Gassen und es ihn mit starken Schwingen ostwärts von einer versinkenden Sonne fort einer neuen, aufsteigenden entgegentrieb.

Nur schwer und wie aus einem Traume erwachend fand er sich wieder zurück: Er kam über die Pont Neuf und damit wieder ins Leben hinein. Menschen, Zivilisten und Soldaten, eilten an ihm vorbei und betrachteten ihn kaum; ein Fischer hielt die Angelschnur unter den Arm geklemmt und stand, die Hände frierend in die Taschen gesteckt, an der Kaimauer. »Quai de la Tournelle«, las der junge Soldat flüchtig auf einem Schilde.

Quai de la Tournelle: hier war der Platz der Bouquinistes, der Händler mit Büchern und Bildern, die sich eben anschickten, ihre Kästen und Schachteln zu schließen, die Lampen zu löschen und nach einem gewiß nicht sehr ersprießlichen Tage schwer bepackt ihren dunkeln Wohnungen in irgendeinem Quartier zuzutrotten, ihren ewig lärmenden Frauen oder der dumpfen Wärme dunkler Estaminets. Nur ein einziger Bouquiniste saß noch unschlüssig vor seinem Kasten, als warte er noch auf einen verspäteten Verdienst; den breitkrämpigen Hut, unter dem die Pfeife hervorschaute, tief ins Gesicht gezogen, hockte er unbeweglich auf seinem niederen Stuhle, halb ein Maler, halb ein Philosoph, und bestimmt eins mit den Büchern und Bildern, die er feilhielt. In der Dunkelheit sah er aus, als wäre einer der Wasserspeier Notre Dame lebendig geworden und herabgestiegen.

Von der Neuheit des unbekannten Ladens angezogen, und seltsam gemahnt an die einfachen Buden der ländlichen Kirmes, trat der junge Soldat an den Stand, musterte die Auslagen und begann, da ihm niemand wehrte, Bücher und Bilder in die Hand zu nehmen und zu mustern. Gewiß, er war kein Kenner von diesen Dingen da; viele der Titel und Überschriften waren ihm unübersetzbar, und er las Namen, die er niemals gehört hatte. Er hatte nicht die Absicht, irgend etwas zu kaufen; was sollte er auch mit diesem alten, vergilbten Tand, der für ihn, den Soldaten und Eifeler Bauernjungen, wertloser war als für jeden anderen? War es Neugierde, die ihn festhielt? Die Absicht, etwas kennenzulernen, was er sonst nirgendwo gefunden hatte und was nur dieser Stadt eigen und gemäß war? Oder war es die seltsame Gestalt des gekauerten Verkäufers, die ihn verlockte, zu bleiben? Wenn sich der Kerl doch nur rühren und ein Wort sprechen wollte! Der aber saß still und geduldig und rauchte in langen Zügen aus seiner Pfeife; nur ab und zu hob er den schweren Kopf und warf einen gleichgültigen Blick auf den Soldaten: »Un soldat allemand« – weiter nichts. Es lohnte jedoch, sich ihn anzusehen!

Der junge Soldat aber tat plötzlich einen erregten Schritt zur Seite hin und hielt ein Bild unter die Lampe, das er eingehend betrachtete. Es war ein alter Stich, am Rande schon etwas zerfetzt und stockfleckig wie so vieles andere hier. Er besah es von allen Seiten, schüttelte den Kopf und lächelte. Lächelte das beglückte Lächeln eines Kindes, das unter Kieseln und bunten Fetzen einen wunderlichen Fund gemacht hat. »La vallée de l'Ahr« hatte er entziffert, und er wußte, was es hieß. Das also war das Tal der Ahr, und obschon in seiner Erinnerung manches anders war, als es hier der Künstler aus früheren Zeiten dargestellt hatte, erkannte er weite Strecken seiner Heimat, erkannte das Dorf Mayschoß mit der Saffenburg und dem Schrock, und dahinter, einer auf den andern gestellt, die Berge der Eifel. Eine leichte Röte glühte auf seinen Backen, dem jungen Soldaten war es, als hätte er aus dem Fenster eines Zuges einen Blick auf sein eigenes Heim tun dürfen. Mit dem Finger zeichnete er die Umrisse nach und spähte, ob auch die Wege gezeichnet waren, die er früher so oft gegangen war. Hier, die niederen Hütten, war die Lochmühle, und über ihr reckte sich wie ein verfallener Bergfried die Guckley empor. Hier, am Rande der Wiese, wuchsen die ersten Veilchen, und hier, längs der Weinbergmauer hin, hatte er im Spätsommer die Sträuße von Heidekraut gebunden. Ein

süßer Geruch strömte ihm entgegen – verweht war der Moder-
geruch der alten Bücher, der Wein blühte und erfüllte seine Seele
mit betäubender Seligkeit. Er hielt die Heimat in seinen Händen und schwor sich inmitten dieser phantastischen Umwelt, sie
nie wieder loszulassen. In einer leeren und kalten Fremde war sie
ihm aufs neue geschenkt worden. War ihm zugefallen wie eine
kostbare Beute nach vielen Wochen harten Kampfes und bitte-
rer Entbehrung. Er wuchs in sie hinein, das kleine Bild weitete
sich – nie, nie war er von Hause fortgewesen, und mochte auch
morgen früh wieder in seiner Kaserne im Norden von Frankreich
erwachen, mit seinem ganzen jungen Herzens war er daheim und
geborgen.

Der alte Bouquiniste war herzugetreten, und obschon ihm die
Gefühle unbekannt waren, die den jungen Soldaten bewegten,
ahnte er doch, was hier vorging: »Vous connaissez ca, Monsieur«,
sprach er, erhielt aber keine Antwort. Für ein paar Franken war
das Bild zu haben; dem jungen Soldaten erschien es fast unwür-
dig, so wenig dafür zu bezahlen. Er barg den Schatz in seinem Mantel und eilte seinen Kameraden nach. »Bon soir, Monsieur«, rief
der Alte hinter ihm drein, »un beau pays, votre patrie« – aus dem
Dunkel kam ihm wiederum keine Antwort entgegen. Er machte
sich nachdenklich daran, seine Sachen zusammenzuräumen. Es
war Feierabend für ihn, und er hatte eine Begegnung gehabt, die
ihm Stoff zu vielen Gesprächen bot.

Spät in der Nacht saß der junge Soldat im Zuge, der ihn und
seine Kameraden vom Gare du Nord wieder in das kleine Städt-
chen unfern der Küste brachte. Das vallée de l'Ahr ruhte, in eine
Rolle verpackt, auf seinem Herzen. Und während er, um nicht
sprechen zu müssen, wie im Schlafe die Augen geschlossen hielt,
malte er sich aus, wie er sich nun ein Weihnachtsbäumchen besorgen müsse, um das Bild, das Bild der Heimat, darunter zu stellen.
Dann würde der Peter Kirst kommen, der aus Gerolstein stammte,
und der Johannes Leuer, dessen Dorf unter der Hohen Acht lag,
und würden das Bild in ehrfürchtigem Staunen betrachten und
immer wieder besehen. Die Räder rollten unaufhörlich durch die

dunkelste Nacht; er aber schien sich ein Kind zu sein, das beschenkt wurde und das wieder beschenkt. Weihnachten war ja so nahe.

Weihnachtsbaum mit Heringsduft
Franz-Josef Nieth

Es war die erste Weihnacht nach dem Zweiten Weltkrieg, man schrieb das Jahr 1945. Die zerschossenen Fenster waren notdürftig mit den Glasscheiben unserer Familienbilder oder mit dünnem Blech beziehungsweise Pappe repariert worden. Alles war vorbereitet, Spekulatius aus Rübenkraut, Zimtwaffeln mit dem alten Kunstguss-Zangenwaffeleisen auf der Herdplatte gebacken, wobei alle Zutaten von meiner Mutter aus dem Westerwald, Hunsrück oder in der Eifel mühsam erhamstert worden waren. Des Weiteren selbst hergestelltes Brot, aus Maismehl, welches bereits beim ersten Anschneiden auseinanderbrach. Als Brotbelag diente in erster Linie selbst eingekochtes Apfelkompott beziehungsweise Zwetschenmus. Als Alternative gab es die gute »Bucheckerwurst«. Nachfolgend das Rezept zur Herstellung der Wurst:

Geschälte Bucheckern zusammen mit Salzkartoffeln durch das Haushaltsmühlchen gedreht, den Teig gut durchgeknetet und gewürzt. Soweit Gewürze vorhanden waren, hiernach war die Wurst fertig zum Verzehr. Äpfel, Wal- und Haselnüsse waren ausreichend vorhanden. Leider waren unsere Zwerghühner und der bunte Hahn bereits Palmsonntag in amerikanischen Mägen gelandet. Die ersten Besatzer hatten, wie man uns später erzählte, das Federvieh am Spieß gebraten, sozusagen als Kriegsbeute. Tabak für Vaters Pfeife hatte ich schon lange vor dem Fest gesammelt, in Form von getrockneten Eichen-, Bohnen- und Walnussblättern. Wenn die Pfeife mit dieser Mischung mit einem Fidibus angezündet worden war, roch es in unserem Hause wie bei einem kleinen Wiesen- und Waldbrand.

Mutter hatte bereits Monate vor dem Weihnachtsfest alte Pullover und ähnliche Bekleidungsstücke aufgerippelt, um mit der auf diese Art gewonnenen bunten Wolle neue Strümpfe oder einen Schal zu stricken. Bunte selbstgestrickte Skipullover mit hübschen Mustern, zum Beispiel Wildmotiven, waren damals besonders beliebt. Desweiteren wurden aus den deutschen Tarn-Zeltplanen oder anderen Uniformteilen schöne Jacken geschneidert. Die Kerzen für unseren Weihnachtsbaum hatte ich mir mittels gesammelten Gewürzglasröhrchen, Wachs und Wollfäden selbst hergestellt. Dass diese Kerzen später stark rußten, störte damals niemanden. Als Alternative gab es noch die aus Wehrmachtsbeständen stammenden 24-Stundenbrenner. Das Lametta stammte hingegen noch von den Alliierten. Diese hatten hiervon große Mengen über dem Rheinland aus Flugzeugen abgeworfen, um damit die Suchgeräte der deutschen Nachtjagd auszuschalten, was ja auch gelang.

Den Weihnachtsbaum hatte mein Vater einige Tage vor dem Fest (in dunkler Nacht) im nahen Wald selbst »besorgt«!! Der Baum wurde am Tag des Heiligen Abends aufgestellt und geschmückt sowie das alte Krippchen liebevoll aufgebaut. An Getränken sollte es Pfefferminztee und Muckefuck geben. Letzteres war selbstgeröstetes Korn oder Eicheln, aus welchen dann nach dem Mahlen eine Art Malzkaffee hergestellt wurde. Für unsere Besucher hatte mein Vater auf geheimnisvolle Weise einige Flaschen »Klaren« aus überreifen Zwetschen selbst gebrannt. Einige Spielzeuge für mich wurden von meinem Vater in mühseliger Arbeit aus Holz gefertigt.

Soweit war alles vorbereitet, jetzt wurde das Wohnzimmer aufgeheizt. Zur mitternächtlichen Stunde läuteten die Glocken unserer Pfarrkirche zur Christmette, hiernach sollte die Bescherung kommen, doch diese fiel etwas anders aus als erwartet. Unser »selbstbesorgter« Weihnachtsbaum entwickelte in dem warmen Zimmer einen penetranten Gestank. Er musste aus der Art geschlagen sein. Statt Tannenduft verbreitete er einen Geruch, welcher an einen nicht mehr ganz frischen Heringsfang erinnerte.

Des Rätsels Lösung: Der Förster hatte die potentiellen Weihnachtsbäume im Wald mit einer übelriechenden Lauge gespritzt, die ihr volles Odeur erst in der Wärme entfaltete. Es half alles nichts. Zunächst musste der Weihnachtsbaum ins Freie getragen werden, dann erst konnte – nach gutem Durchlüften – die Bescherung doch noch stattfinden.

Wölfe in der Eifel
Felicitas Schulz

Mit dem Ende der Napoleonischen Herrschaft und nach dem Wiener Kongreß von 1814/15 kam politisch wieder Ruhe in die Eifel.

Nicht so einfach wars mit den vielerorts gesichteten und Schäden verursachenden Wölfen. Einer der ersten Erlasse der im April 1816 eingesetzten Königlich Preußischen Regierung in Trier galt dem Eindämmen der Wolfsplage. Gar zu viele Wölfe hielten sich in den dünnbesiedelten Gebieten der Eifel auf. Besonders in langen Winternächten zogen die Dämmerungs- und Nachttiere bis an die Dörfer heran, rissen Schafe, Ziegen und anderes nützliches Getier. Ihr Heulen ließ nicht nur die Kinder, sondern auch manchen fleißigen Eifeler Bauern erschaudern und um sein Vieh bangen.

An den von Zeit zu Zeit veranstalteten öffentlichen Wolfsjagden wurden laut Verordnung im Amtsblatt von 1816 zur Teilnahme aufgefordert »alle Ackerbau treibenden Einwohner, sowohl in den Städten wie in den Dörfern, desgleichen diejenigen, welche zwar keine Äcker besaßen, jedoch Pferde, Rindvieh, Schafe und anderes Getier hielten.«

Trotz hoher Fangprämie war die Beteiligung bei den anberaumten Wolfsjagden gering. Von 1816 –1885 zahlte man für 1700 geschossene oder anders erlegte Wölfe annähernd 11000 Taler gleich 30000 Mark. Den Wolf (Canis lupis) umgab damals wie heute ein Flair des Unheimlichen. Waren es nur die gelben Augen und das meist gelblichgraue Fell, was die Menschen von jeher ängstigte, oder war es die jahrhundertelange Überlieferung der Scheu vor dem sogenannten Windhund?

Erlegte einer unserer früheren Bewohner der stillen Eifelwälder einen Wolf, so erhielt er nur dann die Prämie, wenn er beim Bürgermeister den Kadaver vorzeigen konnte. Die abgeschlagene rechte Vorderpfote mußte, zwecks Beweismaterial, zum Forstamt gebracht werden. Schon lange sind die Wölfe aus der Eifel verschwunden. Wer sich dennoch an den scheuen und sozial verhaltenden Tieren erfreuen möchte, dem sei der Wolfspark an der Kasselburg zu empfehlen. Dort finden regelmäßig Wolfsfütterungen statt.

Wölfe fielen über Schmidtheim her
Bange Stunden in der Silvesternacht 1858/59
Anonym

Grauenvoll war die Neujahrsnacht 1858/59 für das Dorf Schmidtheim, in der es von einer Unmasse von Wölfen überfallen wurde. Damals war im Dezember in der ganzen Eifel viel Schnee gefallen. Das Dorf lag verschneit und jeden Morgen musste die Bevölkerung sich erst ihre Wege bahnen. In den letzten Dezembertagen hatte Frau Holle es besonders gut gemeint, so dass die Bauern am Silvestertage bis zur Abenddämmerung mit dem Freilegen der Dorfstraßen zu tun hatten.

Nun, da die Arbeit geschafft war, versammelte sich die Dorfbevölkerung im Wirtshaus zu frohem Sang und Tanz. Doch was war das? Die Fröhlichkeit wich von den Gesichtern und die Männer eilten nach draußen. Da hörten sie von einem Ortsbewohner, dass Wölfe sein Anwesen überfallen hätten. Es seien so viele gewesen, dass er sie nicht habe zählen können. Mit knapper Not hatte der Bauer sich vor ihnen in Sicherheit bringen können.

Ohne lange zu überlegen, bewaffneten sich die Männer mit Äxten, Mistgabeln, Dreschflegeln und Messern und rückten so den Untieren zu Leibe. Das gierige Heulen der Wölfe, die im Stall des hilfeheischenden Bauern bereits einen Hund, zwei Kühe, eine Ziege und drei Schweine zerrissen hatten, konnte die Schmidtheimer Männer nicht einschüchtern. Mit größter Vorsicht schlichen sie zu dem Bauernhof, wo etwa 30 Wölfe ganze Arbeit taten. Keiner von ihnen sollte entkommen und darum musste der Hof umstellt werden. Dabei bereitete der Schnee, der teilweise bis zu zwei Meter hoch lag, einige Schwierigkeiten.

Auf ein verabredetes Zeichen hin gingen die Männer von allen Seiten gegen die Raubtiere vor, die die nahe Gefahr witterten und sich auf den neuen Feind stürzten. Eine große Wölfin sprang mit gewaltigem Satz einen der Männer an. Durch die Wucht des Sprunges wurde er zu Boden gerissen und schwebte in höchster Gefahr. Doch die Retter waren schnell zur Stelle und Mistgabeln durchbohrten den Leib der Bestie. Einem Wolf, der ebenfalls einen Menschen angriff, erging es genau so.

Und nun war die Wut der Bauern angestachelt. Schläge krachten auf die Meute der Wölfe nieder. Der Kampfgeist der Männer erlahmte erst, als die Tiere im Stalle alle erledigt waren.

Der Überfall der Wölfe aber konnte die Schmidtheimer nicht weiter aus der Fassung bringen. Nach getaner Arbeit gingen sie zum Wirtshaus zurück, um die unterbrochene Silvesterfeier nach alter Sitte fortzusetzen.

Die heilige Nacht
Theodor Seidenfaden

Zu Deilbach in der Eifel lebte ein Bauer, der zwar seine Saat mit einem Gebetsspruch streute, sonst aber nicht viel von geheimen Mächten hielt und vor sich hin lachte, wenn er über seltsame Zeiten des Jahres und ihre Wunder sprechen hörte. Er glaubte nur, was er sehe oder fühle, pflegte er zu sagen, halte mehr von einer guten Karre Mist als von einem Segen, und außerdem liebe er lange Bratwürste und kurze Predigten.

Da saß er einmal um Weihnachten, als der Schnee die Berge zugedeckt hatte, abends hinter einem Korn zwischen Nachbarn in der Schenke. Buchenscheite knisterten im Ofen, und das Öllicht warf gespenstige Schatten. Sie sprachen von den heiligen Nächten und ihren Merkwürdigkeiten und meinten, in der Andreasnacht werde man leicht von unsichtbaren Händen verprügelt, gewinne hingegen in der Matthiasnacht das Glück, so man den Mut aufbringe, zwölfmal allein um den Kreuzweg zu gehen, und wer in ihr geboren werde, bringe eine Gabe mit, um die er nicht zu beneiden sei: Er müsse als Geisterseher schaffen! In der Christnacht aber falle zwischen zwölf und ein Uhr Frucht vom Himmel in den Schnee, und die gedeihe, von der das meiste falle und liegen bleibe.

Der Bauer zog an seiner Pfeife, stieß den Rauch in die abendliche Stube und lächelte so spöttisch, wie er es bei solchen Reden immer tat. Das ärgerte den alten Feldhüter, und der fuhr ihn an: Ein Bauer pflüge die Erde umsonst, wenn nicht der Herr das Werde spreche, und einen Spötter mache auch der beste Mist kaum zum reichen Manne, das werde er noch erfahren, und es gehe ihn wie dem buckligen Lohmar.

Und dann erzählte der Feldhüter, wie dieser nicht habe glauben wollen, dass sich während der Christnacht Wasser in Wein wandle, wie er an den Bach gelaufen sei und gerufen habe: »Wasser werde Wein«, dass der Teufel gekommen sei, ihn gepackt und gekrächzt habe: »Und du bist mein!« – »Und der bucklige

Lohmar«, schloss der Feldhüter, »kam heim und hatte schloh-
weißes Haar. Acht Tage später aber starb er, und nie gedieh auf
seinem Grab eine Blume. So erzählte mein Vater selig, und der
wusste es von seinem Großvater. Spötter sind Hundsfötter, und
nur der Esel hat lieber Stroh als Gold.«

Der Bauer versetzte: Wer nach dem Mond greife und dabei die
Erde vergesse, sei nicht klug; er wolle prüfen, was die Christnacht
mit dem Wasser fertig bringe, bleibe aber in seiner Stube, und der
Feldhüter könne mit ihm wachen.

Nach einigem Widerstreben willigte der Feldhüter ein, und als
die Christnacht da war, saß er neben dem Bauer in der Stube und
sah den Topf mit Wasser, der auf dem Tisch bei dem Öllichte
stand. Es blieb totenstill; denn die Frau und die Kinder des Bauern hatten sich zeitig ins Bett gelegt, weil sie um vier Uhr auf-
stehen und wie alljährlich zur Christmette gehen wollten. Außerdem hatte ihnen der Bauer von seinem sonderlichen Vorhaben
nichts gesagt, und er wusste wohl, warum er es verschwieg.

Sie saßen also, bis die alte Standuhr die zwölfte Stunde schlug.

Da begann der Bauer an dem Wasser zu schmecken. Zunächst
merkte er nichts und hielt den spöttischen Zug im Gesicht. Wie
er aber nach einer Weile den Finger wieder eintauchte und
schmeckte, schwand der Spott, und da er zum drittenmal ver-
suchte, wurde er bleich wie ein Laken, sah den Feldhüter an und
stammelte: »Das Wasser ist Wein!«

Der Feldhüter bekreuzte sich, stand auf und ging wortlos heim,
damit er die Christmette nicht versäume und auf dem Wege
erzählen könne, was sich begeben habe.

Wie dann, gleich nach der Mette, die Nachbarn kamen, in der
Stube des Bauern das Wunder zu sehen, staunten sie, dass die
Bäuerin und ihre Kinder da saßen und weinten und der Bauer irr
auf den Topf blickte. Sie versuchten, schmeckten jedoch nur Wasser, und als sie den Bauern fragten, konnte der nicht antworten:
Er hatte die Stimme verloren und war taub geworden in dem gleichen Augenblick, in dem sich der Wein wieder wandelte.

Die Frau, die nicht wusste was geschehen war – sie hatte ihren Mann stumm vor dem Topf gefunden, als sie zur Mette wollte –, hörte erst jetzt, wie er sich versündigte, und sie faltete die Hände und betete. Da nahmen die Nachbarn die Laternen, die ihnen den Christnachtweg erhellten, und gingen erschrocken fort.

Der Bauer verlor den spöttischen Zug seines Gesichtes, blieb aber taub und stumm sein Leben lang und kam nie wieder zu einem Korn in die Schenke.

Den Topf, berichtet die Sage, bewahrten seine Kinder und Kindeskinder lange als ein Heiligtum, und noch vor hundert Jahren lebten in Deilbach Leute, die ihn gesehen hatten.

Der Gang zur Mette
Peter Kremer

Als noch die Martentaler Mühle den Bewohnern von Leienkaul und Müllenbach und auch den zahlreichen Höfen und Weilern der Umgegend das Korn malte, hatten die Müllerleute einen beschwerlichen Kirchweg. Sie gehörten zur Pfarrei Masburg, und bis dahin ist der Gang recht weit und mühsam. Nur einmal im Jahre hatten sie es leichter: am Ostermontag, wenn von Masburg die Pfarrprozession ins Martentaler Wallfahrtskirchlein kam zum feierlichen Hochamt. Aber trotz des mühevollen Weges fehlten sie in keiner sonntäglichen Messe, und auch an jedem Feiertag knieten sie fromm unter den Masburger Leuten. Selbst in der Heiligen Nacht konnte kein Wetter sie abhalten, im Pfarrdorf die Mette zu besuchen.

Auf einem solchen Gang hatten sie einmal ein seltsames Erlebnis. Den ganzen Tag hatte es gestürmt und geregnet. Lange hatten sie hin und her gesprochen, ob bei diesem Unwetter der nächtliche Gang nicht besser unterbliebe. Doch noch nie hatten sie die Mette versäumt, und so brachen sie um Mitternacht auf. – Es war stockdunkel; man sah keine Hand vor den Augen. Mächtig rauschte der Bach; der Sturm fauchte durch die Wälder. Überall hörten sie neue Quellen sprudeln; ihre Schritte patschten; in allen Weggleisen und Rinnen stand fußhohes Wasser. Der Knecht schritt mit der Laterne voran; hinter ihm stapften die vermummten Müllersleute.

Als sie auf der Breitenbacher Höhe waren, sahen sie plötzlich vor sich ein Licht. Es schien über einem Acker zu gehen; es schwankte dicht über dem Boden; sie konnten nicht sehen, ob es jemand in der Hand hielt. Jetzt war es nur noch ein glimmendes Fünkchen. Aber nun kam es denselben Weg zurück; das Fünkchen wurde größer, es näherte sich. Es schien etwas zu suchen. Da blieben sie stehen und lauschten. Der Knecht hob seine Laterne; aber das seltsame Licht schritt ruhig weiter. Sie hörten keine Tritte; doch jetzt konnten sie eine Laternenhülle erkennen. Und wie sie nun hinsprangen, sahen sie in der breiten Grenzfurche zweier Äcker einen uralten, gebeugten Mann stehen; der hielt das Licht in der linken Hand und mit der rechten presste er einen schweren Stein an die Brust. Er keuchte und stöhnte; seine Augen irrten durch die Furche, als läge darin seine ewige Seligkeit. Er jammerte und murmelte immerfort vor sich hin: »Wo setzt' ich meinen Stein? Wo setz' ich meinen Stein?« – Da wusste der Müller, dass er einen Furchengänger vor sich hatte, der einen Grenzstein schleppen musste, denselben Stein, den er zu Lebzeiten voll Habgier dem Nachbar heimlich versetzt hatte.

Er erschrak zwar, aber der Arme dauerte ihn auch, weil er wegen dieser einen Sünde keine Ruhe im Grabe finden konnte. Und weil jetzt doch die Heilige Nacht war, die der Erde den Frieden gebracht, wollte er auch dem Toten in dieser Nacht den Frieden schenken. Er wusste, dass man Furchengänger nicht stören darf und dass sie erlöst sind, wenn sie auf ihre eigene Frage die richtige Antwort erhalten, und die hatte ihm einst sein Vater berichtet. Darum rief er zu dem Männlein, als es ganz nahe vor ihnen stand und seine dunkle Frage murmelte: »Setz ihn, wo du ihn nahmst!« – Da ließ der Alte plötzlich seinen Stein in die Furche fallen und schrie voll unbeschreiblicher Seligkeit: »Hab Dank, du hast mich erlöst!« Das Licht erlosch, und es war nichts mehr zu sehen.

So hat der Martentaler Müller auf diesem erschwerten Gang zur Masburger Mette einer armen Seele den ewigen Frieden gebracht.

Die heilige Nacht
Peter Kremer

Zu Waldkönigen droben im Herzen der Eifel lebte vorzeiten ein Bauer, der war ungläubig, und selbst die Heilige Nacht war für ihn eine Nacht wie jede andere auch. Er lachte über den Glauben seiner Nachbarn, dass in dieser Nacht das Göttliche, aber auch das Teuflische sich besonders lebendig zeige, und wenn ihn einer warnte, die jenseitigen Mächte herauszufordern, so hatte er nur Spott und Hohn für den Mahner übrig.

Einmal am Weihnachtsabend nahm er sich vor, den Dingen auf den Grund zu gehen. Man erzählte und glaubte in seinem Dorfe, in der Heiligen Nacht bekäme das Vieh im Stall die Gabe der menschlichen Sprache. Zur Mitternachtsstunde würden die Haustiere sprechen, prophetisch mit dem zukünftigen göttlichen Willen und Wissen vertraut.

Als die Kinder zu Bett gebracht waren, ging der Bauer hinunter in den Stall, um die Heilige Nacht bei den Tieren zu verbringen. Er glaubte nicht an die Wunder dieser Nacht, sollte aber doch etwas daran sein, so war dies ja eine billige Gelegenheit, die Schicksale des kommenden Jahres zu erfahren.

Er setzte sich im Dunkel des Stalles auf ein Bund Stroh und war nun ganz allein mit seinem verstockten Herzen. Die Ochsen und Kühe schnauften, und der Bauer glaubte sie schlafend. Als es aber Mitternacht war, da hörte er, wie der Anderhandsochse zu reden anfing und mit leiser Stimme zum Vanderhandsochsen sprach: »Wenn die Bäume wieder Blätter bekommen, wird man uns an den Wagen spannen, und wir werden unsern Bauern hinausfahren, dahin, wo die vielen Kreuze stehen.« – »Ja, ja«, antwortete der Vanderhandsochse, »dann wird er begraben.« –

Der Bauer erschrak, fiebernd schlich er hinauf ins Bett, und nun dachte er die ganze Nacht darüber nach, was er tun müsse, um dem angekündigten Schicksal zu entgehen. Er wollte die Ochsen noch vor dem Frühjahr verkaufen; dann war ja ein anderer ihr Bauer, und so musste das Schicksal diesen treffen und nicht ihn.

Er suchte im Kalender den ersten Markt nach Neujahr, an diesem Tage zog er mit den Ochsen hinunter nach Wittlich und verkaufte sie an diesem entfernten Ort. Als aber der Winter wich, die Sonne stieg und die Erdkräfte sich regten, wurde der Bauer krank, so dass er im Bett liegen musste. In diesen Tagen hatte sein Nachbar auf dem Dauner Viehmarkt ein paar Ochsen eingehandelt und heimgebracht. Es waren die Ochsen, die unser Bauer beim Sprechen belauscht hatte. Die Krankheit nahm ein schlimmes Ende. Er starb. Der Gottesacker aber war weit von seinem Hofe entfernt, so dass man die Toten immer auf einem Wagen hinausfahren musste. Weil nun des Nachbarn neue Ochsen gut gewöhnte Zugtiere waren, so spannte man sie vor den Leichenwagen. Und sie fuhren ihren Bauern hinaus, dahin, wo die vielen Kreuze standen. –

Die Spieler in der Christnacht

Peter Zirbes

Christabend war's, in unser's Nachbarn Haus
war alles just zum Kirchgang schon versammelt.
In dumpfer Stube herrscht der Rohheit Graus,
die schwere Tür' von innen fest verrammelt.

Zur Mettenstunde ist es noch zu früh.
Doch Langweil' findet sich bei müß'gem Warten.
Drum kürzte man die Zwischenzeit sich hie
beim Fuseltrank mit einem Spielchen Karten.

Wie nun das Glas so in der Runde kreist,
werden die Sinne von wüstem Rausch befangen,
bis jede Fessel frommen Anstand's reißt.
Zum Gotteshaus trägt keiner mehr Verlangen!

So haben nun bis spät nach Mitternacht
in wilder Lust die Frevler hier gesessen.
Fast wie gebannt durch finst're Zaubermacht.
Die fromme Pflicht hat jeder längst vergessen.

»Trumpf!« – »Aufgespielt!« –
»Mir fehlt der höchste Brief!«
»Ihr Galgenstrick! Wer hat ihn mir gestohlen?«
Man tobte, zankte, fluchte, schrie und rief:
»Wo bleibt Herzaß? Der Teufel soll ihn holen!!«

So war der grause Fluch noch frisch,
– begleitet von unbänd'gem Lachen –
ein Schrei der Angst, da liegt am Tisch
ein schwarzer Hund, das Kartenblatt im Rachen!

Aus Maul und Nase drang ihm heißer Rauch.
Die glüh'nden Augen sprühten Feuerfunken
– es meldet uns die Sage auch –
nach Pech und Schwefel hat's gestunken.

Entsetzt stürzt jeder schnell zur Tür hinaus,
um aus des Bösen Nähe sich zu retten.
Da kehrten eben aus dem Gotteshaus
von Landscheid her die Beter aus der Metten.

Als warnend Beispiel der Verworfenheit
ist treu die Sage bis auf uns geblieben.
Doch fraget mancher Christ zur Zeit,
ob auch dieselbe Früchte hat getrieben?

Läg unter'm Tisch auch heut' der Höllenhund,
man würde sich recht bald an ihn gewöhnen.
Man riß ihm selbst die Karten aus dem Schlund,
um ungestört der Leidenschaft zu frönen.

Bauernweisheit

Hängt in der Christnacht Eis an den Weiden,
Kann man zu Ostern Palmen schneiden.
Blühn aber auf Christtag im Garten die Rosen,
Dann zu Ostern Eisschollen tosen.

Der Fischerknabe
nach Michael Zender

Am winterlichen Herdfeuer hatte die Großmutter des Fischerbuben Herm viele Abende von großen, fernen Städten mit prachtreichen Palästen, von guten und bösen Geistern in Wäldern und Wassern und manches Wundersame vom heimatlichen Grunde erzählt. Immer lauschte der Knabe mit ganzer Seele. Wie schön musste es doch sein, so dachte er oft, in dieses wunderliche Land zu schauen! Einmal erzählte ihm die Großmutter von einem versunkenen Schloss und großen versunkenen Schätzen auf dem Grunde des Laacher Sees. So märchenschön hatte die Großmutter das Schloss und die Schätze geschildert, dass ihn eine namenlose Sehnsucht trieb, diese Pracht einmal selbst zu schauen. Und er machte sich auf den Weg und kam ans Ufer des blauen Sees. Obgleich es schon dämmerte, stieg er in einen Nachen und ruderte über das Wasser. Als er sich der Mitte näherte, hörte er aus der Tiefe ein wundersames Klingen von Harfen und Flöten. Da beugte er sich aus dem Kahne und sah tief unten einen herrlichen Palast mit hellerleuchteten Sälen, in welchem glänzende Nixen und Feen sich in anmutigem Tanze drehten. Sobald sie den Buben gewahrten, schwebten sie nach oben und luden ihn mit holdem Lächeln ein, mit ihnen den Reigen zu tanzen. »Großmutter, du logest nicht, « sprach er leise vor sich hin und fasste die weiße Hand, die sich ihm aus den Wellen reichte. Langsam glitt er aus dem Nachen und verschwand in den Fluten.

Als der Morgen von den Höhen ins Laacher Tal kam, stand ein Fischer am Ufer des Maares. In der Mitte des Sees sah er einen leeren Kahn treiben, und es wurde ihm bang in furchtbarer Ahnung. Rasch zog er die Netze ein, zog sie ans Land und sah darin die Leiche seines Kindes.

Brauchtum um Vieh und Bauernleben in der Weihnacht bei uns an den Eifelmaaren

A. Droste-Lehnert

ur heiligen Mitternachtszeit soll man nicht den Stall betreten und Ehrfurcht haben vor den Tieren, die einst in der heiligen Nacht dem Jesuskinde dienten mit ihrem warmen Hauche. Das Vieh liege dann auf den Knien. Manche glauben, dass die Tiere sprechen. Und ein echter Schäfer ließe es sich nicht nehmen, die heilige Stunde in der Nähe seiner Schafe im Hürdenwagen zu verbringen.

Der Knecht des Willmsbauern soll einmal unversehens zu der Zeit in den Stall geraten sein, um etwas nachzusehen. Da sei er ganz erregt zurückgekommen und habe berichtet: »Här, et Veh leit all op de Kneen um Stall un hält de Kop no oven jent de Rof!« Der Alte hat es manchmal still und feierlich erzählt an Winterabenden. Wer aber vorwitzig nachspüren will, wird es nie erleben.

Der Hausvater soll nicht zur Mette gehen, ehe er den Tieren im Stall Gutes erwiesen und ihnen Futter vorgelegt hat. Mancherorts ist es Brauch, das Vieh am Weihnachts- und Ostermorgen zu segnen. Andere stellen eine Kurwel voll Hafer in die Weihnachtsnacht. Dieser wird dann zu dem Vorrat auf den Speicher geschüttet, und der ganze Haufen gereicht dem Vieh zu besonderem Gedeihen.

Weihnachten muß heilig gehalten werden wie auch Allerheiligen. Da geht der Bauer nicht in das Wirtshaus und nimmt auch keine Karten in die Hand. Drüben in einem Dorf spielten Ungute am Heiligen Abend Karte. Eine Karte fiel unter den Tisch. Als der Spieler sie dort schnappen wollte, lag dort ein großer schwarzer Hund. In einem anderen gewissen Dorf trug sich derselbe Frevel zu. Die Karte fiel unter den Tisch und als der Spieler sie aufraffen wollte, lag da etwas Unheimliches mit Pferdefuß. Mit Entsetzen stürzten die Frevler davon. So erzählen die alten Leute.

Eifelweihnacht
Heinrich Ruland

Ich weiß ein Haus im Eifelland,
das ist in Frieden ganz gestellt;
ein Stern steht über seinem Dach,
der Schein ins kleine Fenster fällt.

Und Leute kenn' ich, fromm und gut,
wie Vater und wie Mutter sind;
mit leisem Lied geht ein und aus
ein flachshaarjunges Menschenkind.

Die Wanduhr tickt mit trautem Schlag,
im Herd verglimmt der rote Glast.
O dürft' ich treten in das Haus
und säß an seinem Tisch zu Gast!

Um Mitternacht steigt aus dem Tal
ein Engel, der die Botschaft bringt;
wie glänzt der Weg, wie strahlt der Stern,
mit Ast und Zweig der Wald erklingt.

Das Christkind kommt, hier ist sein Heim,
ein warmes Bett ist ihm gemacht. –
Ich weiß ein Haus im Eifelland,
ein Glanz umleuchtet's diese Nacht.

Eifelweihnacht

Heinrich Ruland

Über die Berge will ich gehn,
weht auch so kalt der Eifelwind.
Ich will die heilige Mutter sehn
und neigen mich vor dem Jesuskind.

Grüßen will ich mit frohem Gruß
Sankt Joseph auch, den stillen Mann.
Spute dich, werde nicht müde, mein Fuß,
trage mich eilig den Berg hinan.

Ich weiß eine Hütte im Eifelland fern,
zugedeckt von Stroh und Moos.
Über dem Dache leuchtet ein Stern,
leuchtet fast wie der Mond so groß.

Aller Schnee ist vor der Hütte getaut,
und eine Quelle rieselt im Gras,
Vögel singen mit süßem Laut,
Eichhörnchen spielt und Reh und Has'.

Auch ein Öchslein hör' ich schrei'n,
und das Eselein ist da.
Hier muß es sein, hier muß es sein,
wo das himmlische Wunder geschah.

Ich finde den Weg, ich trete durchs Tor:
»Grüß Gott, Maria, in dieser Nacht!
Streck, Jesuskind, deine Hand hervor,
ich habe dir Äpfel mitgebracht.

Leg auf mein Haupt die kleine Hand,
ich hätte deinen Segen gern.
Ich bin ein Kind aus dem Eifelland
und fand den Weg, mich führte der Stern.«

Ehe ich gehe den Berg hinab,
bitt' ich mir noch das eine aus:
Sankt Joseph, leih mir deinen Stab,
dann komme ich wieder sicher nach Haus.

Eifelweihnachten
Heinrich Ruland

Wieder klingen die Weihnachtsglocken in den Tälern und auf den Höhen der Eifel. In das Brausen der dunklen Wälder fallen die Töne, sie mischen sich mit dem Sang der Flüsse und Bäche in den Gründen. Wieder spannt die Heilige Nacht ihren Bogen, der voller Sterne ist, über dem einsamen Lande aus. In den Fenstern der Dörfer und Städte leuchtet ein Abglanz der himmlischen Pracht, Sternbilder glänzen auf, ja in allen Stuben und Zimmern sind Sterne entzündet und glitzern aus den Zweigen vieler, vieler Tannen. Das große Lied, so fremd und doch dem Herzen so vertraut, hebt zu singen an. Es klingt mächtiger als das Brausen der Wälder und das Rauschen der Flüsse. Es klingt sanfter als das Lallen und das Beten kleiner Kinder. Voll unheimlicher Gewalt jagt es daher wie ein Sturm, der den Brand entfacht. Es ist wie ein Säuseln, das die Blüten aus der Erde lockt. »Ehre sei Gott in der Höhe und Friede den Menschen auf Erden.« Alle Jahre wird die Botschaft dem stillen Lande da oben verkündet; alle Jahre um dieselbe Zeit schlägt sein Herz leiser als sonst, denn es wird erfaßt und gerührt von der Gnade, die sich in der geweihten Nacht vom Himmel auf die Erde ergießt. Hinter den Fenstern stehen die Menschen des Landes, schauen den Himmel an und den lichterfunkelnden Baum und neigen in Demut und Glauben den Kopf, wenn der Engel über die verlassenen Fluren kommt und von den Wundern und Geheimnissen der Weihnacht kündet. Immer wieder kommt er zu ihnen, immer wieder neigen sie den Kopf in Demut und Glauben. Sie werden warm in ihren kalten, zugigen Zimmern hinter Eisblumen und Schneewehen. Sie fassen einander an den schwieligen Händen. Sie dünken sich mit einem Male reich in ihrer Armut und ihrem Elend. Die Sorge und die Not eines ganzen Jahres sind vergessen. Die Enttäuschungen schmerzen nicht mehr. Ob auch das Feld am Hang nichts brachte als ein paar Büschel Gras, die nicht einmal zur Viehweide taugten, ob auch die beste Kuh aus dem Stalle fortgeführt worden war, weil nichts anderes da war, die Größe der Schuld zu decken: sie achten es nicht in dieser Nacht, denn über dem First des Hauses steht der Stern von Bethlehem, dessen Licht hell genug ist, die Trübseligkeit ihres Daseins zu durchleuchten und zu vergolden. Für einige Stunden sind sie geborgen und behütet, einbezogen in das beseligende und beglückende Geschehen; sie sind Mitwisser göttlicher Geheimnisse. Sind die Hirten, deren Pferche da drüben schwarze Streifen in die helle Fläche zeichnen, nicht ihres Geblütes und aus ihrer Verwandtschaft? Sie waren die ersten, die um die großen Dinge wußten! Sind es nicht die Lichter von Jerusalem, die ihren Schein an den samtenen Himmel werfen? Vielleicht, daß in der basaltenen Grotte unter dem Berggipfel der Heiland geboren worden ist und es nur eines Ganges durch das verschneite Feld bedarf, um ihn von Angesicht zu Angesicht zu sehen. Oh, ihr Gemüt ist kindlich und einfältig, und unablässig baut es weiter an den überwältigenden Wundern. Sie schauen ganz nahe, was andere Menschen nur von ferne, verdeckt von Worten und Buchstaben, sehen. Sie können alles greifen und verstellen wie die Figuren ihres Kaippleins unter dem Baume. Sie schauen ohne Zweifeln und Grübeln. Ihr Haus ist ein Haus in

Bethlehem, ihre Flur ist die Flur der Verkündigung. Der Wunderstern steht wahrhaftig über ihnen.

Schönes, stilles Eifelland, braves, stilles Eifelvolk: Wenn die Gnade doch bliebe und der Stern nicht unterginge! Wenn das seltsame Lied nie seinen Klang verlöre! Kinderglaube mache euch glücklich, und die Macht der heiligen Stunde lasse euch nicht untergehen und nicht versinken im Jammer der Zeit. Ihr seid guten Willens, und darum wird dir, o Eifelland, und dir, o Eifelvolk, der Friede!

Ein heiliger Abend
Heinrich Ruland

Es war der Tag vor Weihnachten. Über die Eifelberge, die viele Stunden lang in unentwegter Klarheit vor meinen Augen standen und ihre grünen, roten und braunen Abhänge im Scheine einer winterlich blassen Sonne leuchten ließen, senkten sich mit einem Mal die Schatten der Nacht, und es war, als hätte sich das Flügelpaar eines mächtigen Engels darüber gelegt, um allen Glanz, aber auch allen Lärm niederzuhalten. Ich weiß nicht, was mich treibt, auf meinem Wege zum Dorfe an der Eisenbahnstrecke einen Abstecher durch den Wald zu machen und in dem kleinen Forsthause, darin ein mir bekannter Hegemeister mit seiner schon ältlichen Schwester wohnte, einzukehren: vielleicht war es, weil ich Zeit genug hatte, vielleicht war es aber, um mir ein bisschen weihnachtliche Stimmung einzufangen und Heideweg, Wald und Forsthaus mitsamt zwei lieben, einfachen Menschen wie eine lebendige Kulisse um die Szene stellen zu können, auf der sich das Wunder der geweihten Nacht begeben sollte. In dem Forsthause traf ich den jungen Lehrer aus einem entfernt liegenden Orte, der wohl in derselben Absicht wie ich gekommen war, der mir gegenüber aber vorgab, noch ein Stück Wild abzuholen, das er seinen Eltern als Festbraten mitbringen wollte. Wir saßen bald zu dritt bei einem Glas Moselwein; die Schwester des Hegemeisters ging mit leisen Schritten in den Räumen umher und traf die Vorbereitungen für den morgigen großen Tag. Ich glaube auf ihrem stillen und freundlichen Gesichte zu lesen, daß ihr unser Besuch zu dieser Zeit gar nicht unangenehm war, konnte sie doch so ungestört und unbeobachtet in den Heimlichkeiten kramen, die sie ihrem Bruder, der schon lange Witwer war und seine Kinder versorgt wußte, zugedacht hatte. Nur als ich einmal bemerkte, wie sie mit einem Zigarrenkistchen unter der Schürze eilig der Vorratskammer zuhuschte und unsere Blicke sich begegneten, blinzelte sie mir mit jugendlicher Schelmerei lächelnd zu. Während unserer Gespräche zeigte es sich bald, daß der Lehrer und ich bis Andernach den gleichen Zug hatten; wir konnten also zur selben Zeit zum Bahnhof gehen, wobei er und ich das gleiche dachten, nämlich, daß jeder in dem anderen einen Reisebegleiter mit denselben Gefühlen und Ansichten gefunden habe, wodurch sich der stundenlange Weg durch den Wald auf eine sehr angenehme Art verkürze. Als wir, reisefertig, gegen fünf Uhr an der Türe des Forsthauses Abschied nahmen, war die Nacht vollends hereingebrochen; über dem Walde leuchteten zwar einige Sterne, aber es war kein Mond zu sehen. Der Weg, der vom Hause aus sofort in den Wald führte, war nur noch als ein dunkler Stollen zu erkennen, der in eine hohe Felswand getrieben war, und an dessen Wölbung, da, wo die Baumwipfel nicht ganz ineinandergewachsen waren, ein paar weitverstreute, matte Lichter schimmerten. Aus der Stille heraus fragte mich mit einem Mal und, wie ich merkte, nicht ohne Besorgnis, der Lehrer, ob ich den Weg zum Bahnhof auch genau kenne, was ich ohne Bedenken bejahen konnte, denn ich hatte mich vor Jahren als Genesender einige Wochen in dieser Gegend aufgehalten und mehr als einmal den Weg für allerlei Einkäufe in die jenseits des Waldes liegenden Dörfer gemacht. Aber dennoch hatte mich seine ängstlich gestellte Frage etwas verwirrt, und ich begann, was ich ohne sie nicht getan hätte, zu überlegen, zu berechnen und Erinnerungen zurückzurufen. Plötzlich verschwanden, wie weggewischt oder in eine Tiefe versunken, die Sterne in den schmalen Lichtungen über uns. Ein paar dünne Schneeflocken streiften Gesicht und Hände, und hier und da leuchteten aus dem Dunkel die unheimlich phosphoreszierenden Augen alter Weidenstümpfe. Ein morscher Ast knackte, und fast unhörbaren Fluges strich ein Nachtvogel über uns dahin. Ich mußte mir gestehen: »Weihnachten beginnt etwas seltsam; aber mir soll die Einleitung recht sein! Wenn nur die Glocken läuten wollten!« Wir waren viel länger als eine halbe Stunde gegangen, als die Finsternis sich ein klein wenig aufhellte und wir an eine Lichtung kamen, in deren Mitte eine hohe Buche stand. »Wir sind richtig«, flüsterte ich meinem Begleiter zu, denn ich kannte den Platz und den Baum genau. Es war die Muttergottesbuche, so genannt, weil ein buntes Marienbild, von ein paar Brettern überdacht, zwischen ihren ersten Ästen stand. Die Holzarbeiter und die Mäher kamen im Sommer gerne hierher, verzehrten ihr Mittagessen unter dem Baum und ruhten für ein Weilchen in seinem Schatten. Jetzt war er kahl und nur ein paar Blätter raschelten im Winde. Erst bei genauem Hinschauen waren die oberen Zweige und Äste zu sehen; wie graue Netze mit verwirrten Maschen waren sie vor einen noch dunkleren Hintergrund gebreitet. »Es ist bald geschafft«, sagte ich, »in einer guten halben Stunde müssen wir an den ersten Häusern des Dorfes sein.« Der Lehrer und ich hatten bis hierher wenig miteinander gesprochen. Nun erzählte ich ihm, etwas erleichtert, im Vorwärtsschreiten die Sage der Marienbuche, wonach einstmals ein Kind von wenigen Jahren heimlich und während die Eltern im Felde arbeiteten, das Haus verlassen habe und drei Tage lang verschollen gewesen sei. Durch himmlische Führung und Wirkung der Gnade habe eine Prozession, die jeden Tag durch Feld und Wald gezogen sei, es hier, mit roten Bäckchen friedlich schlummernd und unversehrt, wiedergefunden. Der Lehrer, der in den Sagen und Legenden der Eifel gut Bescheid wußte, erzählte von anderen wunderbaren Begebenheiten und von der Art des Volkes, sie zu deuten und für sich zurechtzulegen, und so wanderten wir, ohne uns um den stärker werdenden Flockenfall und den langsam, aber hartnäckig voranschreitenden Frost zu kümmern, unbesorgt unseren Weg. Während einer kurzen Rast machte mein Begleiter die Bemerkung, nach seinem Gefühl schon eine gute Strecke gewandert zu sein, und nun stellten wir beide fest, daß keiner von uns Streichhölzer besaß, um nach der Uhr sehen zu können. Mir ward zum erstenmal an diesem Abend etwas beklommen zumute, denn ich hatte beobachtet, daß wir eine kleine Talmulde durchwandert hatten, von deren Dasein ich nichts wußte. Wir waren in eine mir fremde Gegend des Waldes hineingeraten. Mit einemmal zitterten leise Glockentöne durch die Wipfel, und ihr Klang hätte uns gewiß tröstlich und verheißend geklungen, wenn wir gewußt hätten, woher er kam. Das Geläute erklang bald hier, bald da, aber jedes Mal so unendlich weit, als käme es von den Enden des Himmels her. Da fiel der Wald wie eine Mauer, die lautlos zerbirst, auseinander, und in der Lücke leuchtete schräg vor uns auf und tiefstehend ein rötlich schimmerndes Licht, das unbeweglich war und aus irgendeiner menschlichen Behausung zu kommen schien. »Ist es unser Dorf?«, fragte der Lehrer. Ich antwortete so gleichgültig wie möglich: »Nein, es müßten mehrere Lichter, es müßten viele sein.« Mir war es zur Gewißheit geworden, daß wir in dem großen Walde irregegangen waren. Ich beschleunigte, meine innerliche Unruhe nach besten Kräften bändigend, den Schritt, und über gefrorene, leicht verschneite Schollen, über harte Wiesen und vereiste Wassertümpel strebten wir dem schmalen Streifen zu. Wir standen bald vor einem Hause, hinter dem sich noch vier bis fünf andere duckten: kein Dorf war es, nur ein Weiler oder ein Gehöft, das, mir und auch meinem Gefährten unbekannt, inmitten der größten Eifeleinsamkeit ein abseitiges und vergessenes Leben führt. Ich klopfte an, und als uns sogleich und ohne Angst von einer noch jungen, kräftigen Frau geöffnet wurde, fragte der Lehrer, noch ehe die Begrüßung beendet war: »Sind wir hier auf dem richtigen Wege nach Müllenbach?« Die Frau trat einen Schritt in den Kreis des Lichtes zurück und zog erstaunt die Augenbrauen in die Höhe. Dann musterte sie uns mit ruhigen Blicken und sagte langsam und gemessen: »Nach Müllenbach? Ei, ich nahm an, von da kämen Sie gerade.« Wir erzählten nun abwechselnd von unserem Besuch bei dem Hegemeister, von unserem Weg durch den dunklen Wald und der Absicht, in Müllenbach den Sieben-Uhr-Zug zu erreichen, um gemeinsam nach Andernach zu fahren. Die Frau hatte wohl gleich erkannt und gesehen, daß wir anständige, harmlose Kerle waren, die der Zauber des Heiligen Abends in ein seltsames Abenteuer verstrickt hatte. Sie sagte lachend: »Kommen Sie nur herein; mit dem Sieben-Uhr-Zug ist es nun nichts mehr, aber um neun Uhr geht noch ein Zug von Ulmen ab, das uns näher ist. Sie können sich noch eine Stunde bei uns ausruhen. Das Christkind wird sie schon nicht vergessen und irgendwo finden.« Wir legten unsere Sachen ab und folgten gerne in die Küche, wo im Herde ein lustiges Feuer brannte und wo es verlockend nach Kuchen und Backwerk roch, wo aber auch, von uns anfangs gar nicht bemerkt, zwei Kinder, ein Mädchen von ungefähr zwölf und ein Junge von ungefähr vier Jahren, in der dunkelsten Ecke kauerten. Sie hatten sich beim Klang der fremden Stimmen mäuschenstill verhalten; als sie aber sahen, daß wir keine Hans Muffe mit Rute und Sack waren und auch nichts Böses im Schilde führten, kicherten und lachten sie heimlich und hegten allerlei Vermutungen über unser plötzliches Erscheinen. »Mein Mann ist das Christkind bestellen«, sprach die Frau mit einem Seitenblick auf die Kinder, »und die zwei da müssen bald ins Bett«, uns aber raunte sie zu: »Er ist den Baum holen.« In aller Eile wurde für uns der Kaffee zubereitet und uns eine Menge des noch warmen Weihnachtsgebäcks hingeschoben. Die Kinder waren bald zutraulich geworden; mein Begleiter verstand es prächtig, mit ihnen umzugehen und sie zum Erzählen zu bringen. So beschlossen wir denn alle vier, das Weihnachtsfest recht schön zu beginnen und uns auf die kommenden Dinge vorzubereiten. Wir sangen die alten Weihnachtslieder, und wo unsere Kenntnisse versagten, half ein altes Gesangbuch nach. Das

Mädchen wußte ein Gedicht von Englein und Schneeflöckchen und viel Klingeling, und der Junge konnte die biblische Geschichte von den Hirten auf dem Feld auswendig. Der Lehrer erzählte, wie es in früheren Jahren hier gewesen sein mochte, und wie er es in alten Kalendern gelesen hatte. Draußen jagte der Wind um die Ecken, und die Fenster beschlugen sich. Aus dem Nachbarhaus, wo jedenfalls ein Rundfunkgerät in Tätigkeit war, wehten ab und zu die Klänge eines Chorals herüber; wenn wir die Worte kannten, sangen wir mit. Es war eine Feierstunde so voller Friede und Frömmigkeit, wie wir vier sie sicher seit langem nicht mehr erlebt hatten. »Heiliger Abend in der Eifel!«, sagte ich einmal für mich hin, und der Lehrer griff den Gedanken auf und ergänzte: »echt und wahr wie nirgendwo.« Später kam noch der Mann dazu, ein kleiner, schwarzer Waldarbeiter, der einen Geruch von Harz und Wald, mit Tabaksqualm vermengt, um sich verbreitete. Er hatte schnell die Lage überschaut und war dann herzlich und voll lauter Freude mit uns im Bunde. Es tat uns allen leid, als wir aufbrechen mußten. Ich entsann mich eines Büchleins mit Eifeler Weihnachtsgeschichten, betitelt »Der Gang zur Mette«, das ich bei mir trug und für einen Bekannten am Rhein bestimmt hatte: ich wollte es den Kindern schenken, denn ich hätte nicht gewagt, irgendein Stück Geld anzubieten. Der Lehrer zog einen nicht mehr ganz neuen Füllfederhalter aus der Tasche und so stapften wir vom Flur aus noch einmal in die Küche und erklärten, daß uns das Christkind etwas in die Manteltasche gelegt habe, was gewiß für die braven Kinder, die so schön gesungen hätten, bestimmt sei. Ich improvisierte zum andächtigen Erstaunen der Eltern gleich einen Spruch:

Ich glaub, das Christkind ging dadrauß,
ich hörte es leise klingeln soeben.
Den guten Kindern im Eifelhaus
hat es durch uns dies mitgegeben.

Die Kinder lachten zwar etwas verschmitzt, waren aber über die Maßen beglückt und erfreut. Sie meinten »so etwas sich schon lange gewünscht zu haben«, und der Junge behauptete im besonderen von sich, »nun noch schöner und schneller als der Lehrer schreiben zu können«, was mein Begleiter mit einem langgedehnten, unendlich komisch klingenden »So?«, quittierte. Der Waldarbeiter ging noch eine gute Strecke mit uns, und als der Weg klar und deutlich als breite Straße vor uns lag, als weit und breit kein Wald mehr drohte, uns zu verwirren, schieden wir unter herzlichen Wünschen. Von der Wärme in unserem Innern ganz durchdrungen, schritten wir beide leicht dahin und erreichten rechtzeitig und ohne Hindernis die kleine Eisenbahnstation Ulmen. Im Zuge sprachen wir nicht viel; es war eine Menge Menschen darin, die heim wollten. Wir hatten jeder mit seinen Empfindungen und Erinnerungen zu tun, um sie zu einem schönen Bilde zusammenzufügen. In Andernach trennten wir uns; der Lehrer fuhr rheinaufwärts, ich abwärts. Wir schüttelten uns wie seit langer Zeit befreundete Menschen die Hände, und als ich dem jungen Lehrer am Zuge ein gesegnetes, frohes Fest wünschte, dankte er mit einem strahlenden Leuchten seiner Augen: »Es muß es schon sein, denn sein Anfang war trotz allem schön und gnadenvoll!« Er hat mir später noch oft geschrieben, und immer wieder erinnerte er mich an den Heiligen Abend im Eifelwald.

Bauernweisheiten

Christtag im Klee – Ostern im Schnee;
Christtag im Schnee – Ostern im Klee.

Ein grüner Christtag,
ein weißer Ostertag.

In der Heiligen Nacht bei den Himmeroder Mönchen

Peter Kremer

Mit einem Freunde wanderte ich am Christabend über die Hochfläche des Gebirges zur Mette nach Himmerod. In den Tagen und Nächten vorher war viel Schnee vom Himmel gefallen; aber heute war Tauwetter eingetreten. Drunten im Tale, woher wir kamen, waren die Straßen und Wiesen schon wieder blank gewesen, und nur hier und da hatte im Graben noch ein Bündel Schnee gelegen. Doch auf der Höhe lag die ausgebreitete Landschaft noch tief verschneit um uns. So war es hell ringsum; weiß lief die Straße dahin; auch die Bäume am Rande trugen noch ihren weihnachtlichen Schmuck: auf allen Ästen und Zweiglein glitzerten flockige Schneerippen. Der Wetterumschlag war jedoch auch hier oben bemerkbar. Es ging ein leises Knistern mit uns; bald rutschte hier eine Schneelast, bald zerfiel dort ein Häuflein, auf den Äckern bröckelten Schollen auseinander; überall war geheimnisvolles Leben. Die kleinen Erdgeister waren am Werk, flüsterten miteinander und schafften unter der weißen Decke im rührigem Fleiß.

Die Dörfer, durch die wir schritten, schliefen. Hinter den dunklen Fenstern mochten nun wohl die Kinder vom Christkind träumen, vom strahlenden Lichte der Mette und von der Krippe mit den Kühen und Schafen. Es ging bald auf Mitternacht zu. Da sahen wir auf freiem Felde einen kleinen Wohnwagen stehen. Aus den Fensterchen fiel ein Lichtschimmer und zeichnete sich golden auf dem Schnee ab. Wir blieben stehen und gingen dann näher heran. Durch viele Ritzen und Löcher drang die Kälte in das ärmliche Heim. Aber noch mehr sahen wir: ein Tannenbäumchen stand drin, woran zwei Kerzen brannten. Fahrendes Volk, das Weihnacht feierte! Es ergriff uns eine seltsame Rührung. Und als dann auf einmal aus dem Wagen das Lied von den Hirten erklang, denen der Engel auf dem Felde erschien, um zu verkünden, dass im finstern Tale das göttliche Licht geboren sei, da sangen wir draußen mit. Und schon in diesem Augenblicke hatte uns das Weihnachtswunder ergriffen; wir waren Gott ganz nah, und es war uns, als trügen uns die Töne des frohen Liedes fort aus dieser Schneelandschaft in die große, weite Ewigkeit. Der Hauch der Güte Gottes und ein Ahnen der echten Weihnachtsfreude drang aus dem bitterkalten Kesselflickerwagen zu uns heraus und wärmte uns wie die Armen darin.

»Das sind die ersten«, sprach mein Freund im Weitergehen, »die zur Krippe eilen dürfen, die Ärmsten, die Ausgestoßenen und Heimatlosen, wie auch die Hirten zuerst berufen wurden; dann erst dürfen die Reichen kommen, die Könige und die Gelehrten.« »Ja«, sagte ich, die da heimatlos irren und einsam frieren, die bald noch verlassener und ärmer sind als das Kind im Stall, auch die fühlen, dass das himmlische Licht ihnen nahe ist; auch ihre Kinder singen frohe Weihnachtslieder, und aus ihrer bitteren Not blüht heute heimlich wie eine Christrose ihr Herz auf.«

Dann schwiegen wir wieder und marschierten still voran. So ein Gang in der Heiligen Nacht durch die winterliche Gebirgslandschaft ist erfüllt von geheimnisvollen Schauern. Kein Stern leuchtete vom Himmel; Nebel verbarg uns die Ferne. Wir suchten nach den Lichtern der Höfe und Forsthäuser, aber es gelang unseren Augen nicht, das graue Meer zu durchdringen. Plötzlich sahen wir vor uns schwankende Lichter, und nun kamen sie von allen Seiten auf uns zu. Es waren Männer und Frauen von den umliegenden Dörfern, die, auch schweigend, mit der Handlaterne durch den Schnee zur Klostermette stapften, auch mit der köstlichen Gewissheit im Herzen, dass das Licht der Welt durch alle Finsternis leuchte.

Als wir in den großen Kunowald kamen, packten uns die nächtlichen Schauern aufs stärkste. Der ganze Wald war verschneit; auf den mächtigen Fichten lag der Schnee in Klumpen. Die Last war den Ästen schier zu schwer; sie bogen sich tief. Aber die große Einsamkeit, die sonst mit hohlen Augen aus diesem Walde schaut, war heute von hundert Geräuschen gestört. Es taute auch hier; es ging ein dauerndes Flüstern durch den winterlichen Forst. Der

Wald war lebendig: dürre Zweige brachen, die Schneelasten barsten und ächzten, an den Nadeln hingen wie feine Glaskügelchen durchsichtige Wasserperlen, die sich fortwährend ablösten. So glichen die mächtigen Fichten riesigen Weihnachtsbäumen, an denen knisternde Kerzen tropfen.

Auf der Höhe des Salmtales blieben wir stehen. Da lag in der schmalen Lichtung das Kloster dicht vor unseren Füßen. Es war schon erleuchtet. So bot sich uns ein Bild dar, wie fromme Meister die Weihnacht zeichnen. Von drei Seiten umrahmte der Wald die Gebäulichkeiten des Klosters, das sich in das enge Tal birgt. Nur nach Nordwesten, woher das Bächlein fließt, lag ein offenes Tor. Da sieht man an hellen Tagen grüne Wiesen und ganz weit im Hintergrunde Dörfchen, die sich an die Hänge schmiegen. Aber nun war alles zugeschneit. An der Ringmauer hatte sich der Schnee hochgetürmt, so sah sie aus wie die Schneemauer, die im Märchen der liebe Gott frommen Menschen in bösen Zeiten um ihr Haus fügt. Alle Dächer, Erker und Türmchen trugen weiße Pelzkappen. Auch über die gewaltige Fassade und die andern stimmungsvollen Ruinen der alten Barockkirche zog sich ein weißer Streifen. Dieser silbrig glitzernde Streifen verbarg die augenblicklichsten Wunden, und die ausgebreitete Schneedecke verband alles, Natur und Bauten, Altertum und Neuzeit, zu einer malerischen Harmonie.

Da hallte der Schlag der Klosteruhr zwölfmal durch die Stille. Und nun fing auch das Glöcklein zu läuten an; es bimmelte überfroh, als wüsste es von der Freude dieser Nacht. Von allen Seiten eilten dunkle Gestalten dem Portale zu. Als auch wir dann in die geräumige Klosterkapelle kamen, waren »die grauen Mönche« schon versammelt und sangen im Wechsel die vorgeschriebenen Gebete der Nacht, um vorbereitet zu sein für den Empfang des göttlichen Kindes. Noch dämmerig war es im Raum, und die frommen Väter trugen noch das graue Gewand. Erst als sie alle hinausgegangen waren und das Glöcklein schwieg, ward jäh die Kapelle in eine Fülle von Licht getaucht. Nichts darf dem Dienste Gottes vorgezogen werden, hat Sankt Benedikt gelehrt. Auch die Armut nicht! So entfalteten nun, da die Geburtsstunde des Lichtes gekommen war, die armen Zisterziensermönche alle Pracht, deren sie fähig sind. Da wuchsen die Tannen, über und über mit Silberfäden umsponnen, da brannten Hunderte von Kerzen, an der Decke flammten und gleißten die Kronleuchter, da stand die Krippe mit den Kühen und Schafen, und um sie herum war ein Strahlen und Glitzern wie von überirdischem Schein. Licht! Licht! Ein Wald voll Licht!

Als dann aus dem Harmonium mit zarten Stimmen das Lied von der Heiligen Nacht anhub, da konnten wir nicht anders und mussten mitsingen, und weil die Kapelle gefüllt war bis zur Tür hinaus und alle einfielen, so klang das Lied mit Kraft und doch voll frohen Bebens hinaus in den Winterwald:

> »Stille Nacht, Heilige Nacht!
> Alles schläft, einsam wacht
> nur das traute, hochheilige Paar.
> Holder Knabe im lockigen Haar,
> Schlaf' in himmlischer Ruh'!«

Und als wir die dritte Strophe sangen, hielt der Konvent seinen feierlichen Einzug. Noch war die Zahl gering; ein Dutzend Patres zählte ich und fast zwanzig Laienbrüder, und in früheren Glanzzeiten waren es schon sechzig Väter und zweihundert Konversen. Aber es war ein ergreifender Augenblick. Jetzt trugen die Mönche lichte, weiße Chormäntel. Zuletzt schritt in seidenem Schulterkleid und weißseidenen Schuhen Abt Carolus. Ihm trugen zwei Novizen Stab und Mitra nach. Nachdem dem Abte auf seinem Scharlachthrone die Festgewänder umgelegt worden waren, begann das heilige Opfer. War das eine erhebende Feier, wie da der Abt unter Assistenz seiner Mönche mitten in der Nacht die Mette zelebrierte! Und die nicht am Altare standen, sangen mit dem Harmonium die alten Weihnachtschoräle. Alleluja! Alleluja! Christus ist geboren. Das Kindlein liegt in der engen Krippe und ruht in Windeln; aber es ist doch der ewige, große Gott; es ist der wesensgleiche Sohn des Vaters, der Welt als König und Erlöser geschickt!

Wie jubelte das »Gloria in excelsis Deo« zum Himmel empor; es war, als schwebten Engel um den Altar, und Engel und Mönche riefen es unaufhörlich: »Ehre sei Gott! Ehre sei Gott! Friede, Friede den Menschen, die guten Willens sind!« – So nahm das nächtliche Opfer seinen Fortgang. Immer wieder klang das Frohlocken durch und die kindliche Freude, dass Gott endlich die Finsternis der Nacht durch den Aufgang des wahren Lichtes erhellt habe.

Und viele Bauersleute, die mit der Laterne gekommen waren, empfingen aus der Hand des Abtes das Christkind in der Gestalt der heiligen Hostie, und sie nahmen den Herrgott mit auf den Heimweg. – Still beglückt gingen auch wir nach der Feier wieder heimwärts. Und siehe! Nun funkelte ein Stern vom Himmel, ein einziger nur; aber in unserer Seele brannte noch hell das Licht der Klostermette. Unser Herz klang voller Weihnachtsweisen. Denn das Wort war Fleisch geworden. Alleluja! Und wir hatten seine Herrlichkeit gesehen, eine Herrlichkeit, wie die des Eingeborenen vom Vater, voll Gnade und Wahrheit. – Als wir wieder im Tale waren, riefen dort die Glocken zur Mette. Und daheim erging es uns wie den biblischen Hirten: Wir erzählten, was wir gehört und gesehen hatten.

Bauernweisheiten

Wenn das Christkind ist geboren,
haben Rüben und Mohren allen Geschmack verloren.

Bis die Höhlen dreimal mit Schnee gefüllt sind,
weht immer noch der Winterwind.

Die Guath
Maria Homscheid

An einem späten Adventstag saß die Guath, die Großmutter, im webenden Dämmer der Eifelstube und strickte. Sie konnte ihr Gesetzlein auswendig, aber ihre rindengrauen Altweiberfinger hatten doch viel Mühe mit dem Stricken; denn sie waren gicht- und alterssteif. Und mit achtzig wollen auch in der Regel die Augen nicht mehr recht diensten.

Ganz rauhfädige Wolle war es, die die Guath von einem ziemlich protzigen Knäuel abstrickte; und diese Wolle stammte von den bräunlichen Schafen, die sommers an den Hängen der Maare weideten. Sie war gewaschen in den wilden Wassern der Kyll und getrocknet von dem noch wilderen Eifelwind. Gesponnen war sie auf dem Spinnrad, das augenblicklich jedoch stumm und still im Stubenwinkel stand, und zwar von der Maarei, der Schwiegertochter.

Für wen die Guath nun strickte, so rührend mühselig sorgfältig strickte? Alle im Hause wussten es, aber keiner durfte ihr auch nur eine Masche stricken. Das litt sie nicht. Großmächtig war der grobe Graustrumpf, schon bis zum Füßling gediehen, und fast konnten ihn die altersschwachen Hände nicht mehr regieren. Aber sie taten es doch und taten es mit merkwürdig liebevoller Sorgfalt, obwohl ein völlig der Umgebung, ja der Gegenwart abgewandtes Sinnen in dem Runengesicht der Guath stand.

Sie waren allein in der Stube, und niemand störte sie. Nur die alte Uhr ging und trug ihr gleichmäßiges Ticktack durch die Stubenstille. Der Gang war alt und geruhig wie die Guath selber, war ihr vertraut seit den Jugendtagen und gab den rechten Rhythmus zu ihrem ewigkeitsnahen Sein und Gedankengang. Auch die knisternden Buchenklötze im Ofen sprachen seit altersher dieselbe heimelige Sprache, und der Wurm im Stubengebälk klopfte seinen leisen, melancholischen Takt wie vor hundert Jahren. Diese wunderfeinen Stimmen der Stille passten zu dem alten Weiblein, und das alte Weiblein passte zu ihnen. Selbst der Eifelwind, der mit vollem Werk draußen in den Weidenbäumen orgelte, störte das behagliche Wunder keineswegs, nein, er vertiefte nur noch seinen Reiz.

Als dann die Stubentür ging, fuhr die versunkene alte Strickerin zusammen. Es war der Sohn, der hereinkam, der Bauer. Er suchte im Wandschrank nach Tabak, stopfte sich den Stummel am Tisch und schaute der alten Mutter ein wenig zu. Und da geschah es, dass mit einem Male in seine hartgekerbten Züge ein merkwürdiger, beinahe weicher Ausdruck kam. Ach die Mutter! Dass sie es immer noch nicht wahrhaben wollte, das Eine, dass sein jüngster Bruder, der Mechel, nie mehr wiederkommen würde!

»Modder«, sagte der bereits grauhaarige Sohn, »macht Euch doch nicht so müd'! Lasst ab von dem Stricken!« Die Mutter schaute ihn an, als wenn sie von weither zurückkomme und sagte: »Heut werden es zwölf Jahr, Häns!« – »Ja, Modder«, antwortete der Sohn, bückte sich zur Ofentür und purrte eine Glühkohle in seine frischgestopfte Pfeife. Er wollte der Mutter nicht in die Augen sehen, nein, er konnte ihr nicht hineinsehen. In die Augen, in denen das alte Herz bebte, das immer noch um den einen trauerte.

»Häns, wenn er diesen Christtag käm'...«, murmelte sie. »Weilen hab' ich bahl das zwölefte Paar fertig für ihn.« – »Plagt Euch doch nicht so, Modder«, sagte der Sohn und es schwang eine wunderliche herbverhaltene Zärtlichkeit in der rauen Stimme. Inzwischen rauchte er heftig seinen Stummel leer, schaute auf die alte strickende Mutter und schaute zu den kleinen Fenstern hinaus über die winterkahlen Höhen. Dann sagte er: »Weilen muß ich füttern gehen!«, klopfte seinen Stummel aus und ging.

Wenig Worte, aber viel Verstehen! So waren sie, diese Eifelmenschen. Draußen indessen kämpfte der wenige Tag um sein Leben. Er wollte noch gern zu den kleinen Fenstern herein, um der Guath zuwillen zu sein, aber die düsteren Weidenbäume davor machten es ihm schwer. Hui! Kam auch noch der Wind dazu. Kam jetzt aus dem Islek und rollte Wände von Graugewölk heran. Da sah man bald nichts mehr.

Die Guath ließ ihr Gestricktes sinken. Nein, sehen konnte man nun nicht mehr; man verlor nur die Maschen. Sie schaute hinaus. »Der Wind aus dem Islek, der bringt Schnee«, sagte sie vor sich hin.

Im Hausflur gab es Füßegetrappel. Wupp! Flog die Stubentür. Ein Jungschwarm stürmte herein. Drei Buben und ein Kleinmägdlein. Dahinter kam, den Braus dämpfend, die Bäuerin, die Mutter. Und noch etwas kam mit herein: eine Woge von gutem Backduft und Äpfeln, Bergfrische und Tannenwald. Den Backduft brachte die Bäuerin mit vom Backofen, wo sie Christwecken buk. Höhenfrische und Tannenatem brachte der Jungschwarm mit aus dem nahen Fichtelwald, wohin er ausgeschwärmt war um Tannenzapfen.

»Hach! Was riecht es hier nach Christtag! Fein!«, stellte der Älteste fest, und alle vier schnüffelten genießerisch. Sie waren schon am guten Ofen und wärmten die roten Hände. »Ich hab' das Christkind gesehen im Wald!«, tat das kleine Mädchen geheimnisvoll. »Ich auch ... wir zwei!«, bekräftigte ernsthaft der jüngste von den Buben, der kleine Mechel. »Doh, es gibt ja ...«, lachten die zwei anderen, bekamen von der Mutter einen Puff und waren still. Dann mussten sie in den Stall, um dem Vater beim Futtermachen zu helfen. Die beiden Kleinen blieben bei der Guath, um mit ihr wie jeden Abend den Adventsrosenkranz zu beten.

Auch die Jungbäuerin begab sich nun wieder hinaus, und als sie jetzt die Stubentür öffnete, war dem Duft, der nun hereinströmte, dicker Schwaden von warmem Viehfutter beigemischt. Aber auch der roch gut, roch nach Sonne und Klee und Korn.

Eine kurze Weile war es nun still in der Stube. Die Uhr schlug. Trautsam und gewichtig. Und der Schlag ging wie der Schritt eines der heimeligen Gemütlichkeit dieses Hauses zugehörenden Menschen durch die Stille. »Weilen beten wir!«, bestimmte die Guath und fing an. Den freudenreichen Rosenkranz. Aber die

Guath verkam mitunter darin und band dann und wann etliche Rosen aus dem Schmerzhaften hinein. Das hatte nicht so sehr seinen Grund in einer gewissen Altersschwäche der Gedanken, als in der Gewohnheit der Guath, ihr ganzes Leben lang mehr und lieber den Schmerzhaften gebetet zu haben.

»Guath«, sagten nachher die Kinder, »wir haben die Gesetze verkehrt und durcheinander gebetet!« – »Das schadet verich nichts«, tröstete die Guath, »der liebe Gott wird sie sich schon riecht legen!«

Nun aber musste sie erzählen. Der Bub lag schon längelang auf den Sielen im Feuerschein und bettelte: »Guath, vom Vater und vom Ohm Mechel, wie die noch so klein waren wie wir!« Das Mädchen holte sein Schemelchen herbei und hockte sich am Knie der Guath nieder und schmeichelte: »Vom Christkind, Guath!«, gewahrte den Strickstrumpf auf Großmutters Schürze und fragte interessiert: »Habt Ihr 'weil den letzten Strumpf fertig für den Ohm Mechel?« – »Ja, Engelchen, bahl«, beschied es die Guath, »aber wofür sagst du den letzten?« – »Ei, dofür! Zwölef ist doch ein Dutzend, und zwölef Paar hat er doch nau fertig, der Ohm Mechel … Weil kann er heimkommen!«, meinte der kleine Altklug.

Die Guath seufzte und wiegte den weißen Scheitel her und hin und war auf einmal wieder wie ein Mensch, der mit seinen Gedanken auf der Suche ist nach einem anderen Menschen, weit fort in unbekannten Fernen. Dieser Mensch aber, den die bald Achtzigjährige in Gedanken beständig suchte, war sicherlich längst, längst tot: Ohm Mechel, der jüngste Sohn der Guath. Die Kinder wussten von ihm und glaubten mit der Guath, dass er eines Tages doch noch wiederkehre. Er war als Reiter in den Krieg gezogen, in den großen, großen Krieg. Da war eines Tages eine Karte zurückgekommen. »Vermisst« hatte darauf gestanden, wie auf tausend anderen Karten und Briefen damals. Vermisst! Dieses Wort, hinter dem unsichtbar tausend schreckliche Möglichkeiten und unerforschliche Geheimnisse standen. Die Kinder hörten es, seit sie sich der Welt bewusst worden waren, und stellten sich etwas unerhört Schlimmes und Trauriges darunter vor; denn die Guath weinte fast immer noch, wenn sie es so vor sich hinmurmelte. Vermisst! Nie wieder war Kunde gekommen, aber die alte Mutter hoffte immer noch. Keines widersprach ihr. Und jedes Jahr zu Weihnachten strickte sie ein Paar Strümpfe für ihn, damit er doch Strümpfe habe, wenn er käme. Man ließ sie gewähren. Und dies Jahr nun war ein Dutzend voll geworden. Elf Paar lagen gut aufgehoben in der Truhe, und in jedem Paar war ein blankes Silberstück aus der Vorkriegszeit verborgen. Das sollte dann eine Überraschung für den Heimgekehrten sein. – Das war das Geheimnis der Guath. Keiner wusste darum.

»Guath, je, verzählt!«, mahnten und drängten die Enkel aufs neue. »Vom Krieg oder von der Christnacht in Prüm oder in Himmerod, damals!« – Der Bub hatte die Ofentür einen Spalt geöffnet und hin und wieder tastete sich ein heller Schein durch die dunkle Stube, traf bald die paar Bilder an den Wänden, bald das Spinnrad im Winkel, das jetzt einen schimmernden Flachsrocken trug, bald den weißen Scheitel der Guath. Und dann war es am schönsten! Paar Rotäpfel aus dem Halenbungert, die die Mutter vorhin heimlicherweise auf den Taken gelegt hatte, fingen mit einemmal an zu pruzzeln und o, was für einen märchenhaften Duft sie gaben!

Da begann die Guath zu erzählen. Aber nicht vom Krieg. Sie erzählte die alten lieben Geschichten und Christsagen des Eifellandes, die schon, wer weiß wie oft, Mütter und Großmütter in dieser alten Eifelstube erzählt hatten, wenn der Winterwind durch den Advent ging, über die einsamen Höhen brauste und die Eifelwälder bog. Und die altersschwachen Hände der Guath lagen zärtlich auf dem groben Graustrumpf, den sie zum Christabend fertig haben wollte.

*

Als nun die Weihnachtsglocken gingen, lag Schnee im Eifelland. Viel Schnee. Das wäre schön, sagten die Leute, aber so viel brauche es gerade nicht zu sein. Jedoch der Wind kam beständig aus dem Islek und brachte noch immer mehr Schnee.

Trotzdem fanden die Eifelleute das Kirchlein zur Metten. Von den weißen Höhen, aus den begrabenen Mulden, aus den verlorensten Nestern hinter den Wäldern kamen sie her und die Schneenacht war auf einmal betupft mit Lichtern aller nur möglichsten altweltschen und neumodischen Laternen.

Im Eifelhause unter den alten Schirmbäumen, die nun Schneebäume waren, hockten die beiden Jüngsten, der Bub und Engelchen, das Mädchen, am Fenster und zählten die wandernden Lichttupfen draußen. Vor lauter Aufregung aber verkamen sie immer darin.

Die Guath saß in ihrem großen alten Lehnstuhl am Tisch in dem schon ihre Guath gesessen hatte, und bemühte sich, das Evangelium der Heiligen Nacht zu lesen. Aber es ging nicht mehr gut, trotz der großmächtigen Buchstaben des Altdruckes. Sie waren heute nacht so kurios; wie nichtsnutzige Buben, die Nachlaufen spielen, meinte die Guath, und putzte zum zehnten Male ihre Stahlbrille. Jedoch auch das half nicht. Die Buchstaben blieben kleine schwarze Nichtsnutze, purzelten immer wieder durcheinander und übereinander und schwammen schließlich ineinander zu einem krausen See, darin die ganze heilige Bibelerzählung versank.

Da legte sie das Buch aus der Hand und nahm den Rosenkranz. »Dazu brauch' ich nur meine inwendigen Augen«, meinte sie zu sich selber. – »Jetzt kommen keine Lichter mehr«, stellten die Enkelkinder fest und wandten sich wieder den Spielsachen zu, die ihnen das Christkind gebracht hatte.

Nun war es weihnächtlich still in der Stube, im ganzen Hause. Alle bis auf die Älteste und die Jüngsten hatten den liebsten Kirchgang des Jahres, den Gang zur Mette, gemacht. Die drei nun – die Guath und die zwei Enkelkinder – waren die Hüter des Hauses. Schwache Hüter, das konnte man wohl sagen, aber wer sollte in einer solchen Schneenacht, und noch dazu in der Heiligen Nacht, ausgerechnet ein fernes Eifeldörflein und ein einsames

Eifelhaus aufsuchen? Außerdem muß auch noch der Schäferhund Lux erwähnt werden, der draußen in seiner warmen Hütte getreulich Wache hielt.

Die beiden Kinder schliefen allmählich ein über ihrem Spielwerk. Der unterbrochene Kinderschlaf wollte nachgeholt werden. Und es ward tiefste weihnächtliche Stille um die Guath. Und Eifelweihnachtsduft erfüllte die Stube: jener Duft aus Harz und Honig, Wachs und Würz, Christwecken, Äpfel und ein klein wenig Stall und Heu.

Die Guath saß am Tisch, eingehüllt in die ewigkeitsnahe Ruhsamkeit des Alters. Ihre müden Augen verloren sich im Schmuck und Grün der kleinen Tanne. Den Brauch des Christbaums empfand sie zwar immer noch »neumodisch«; denn in ihrer Jugend und viel später noch hatte man ihn nicht gekannt im Eifellande. Da hatte das Christkind die Gaben einfach auf den weißgescheuerten Tisch gelegt. Und auf derselben Tischdecke, wo ihrer Buben Christgaben stets gelegen hatten in fernen Tagen, lagen nun, auf Mechels Platz, die zwölf Paar Graustümpfe: die Christgabe der alten Mutter, die sie nun seit zwölf Jahren für ihn bereitlegte. Mit einem Paar hatte sie angefangen damals am ersten Christtag.

Die Guath fuhr mit zitterigen Händen darüber hin, und ihre alten Augen verschleierten sich. Wer wohl möchte ermessen können, welches Leid, aber auch welcher Reichtum von Liebe, welch stiller Schatz von Hoffnung in diesen rauhen Maschen sich barg? … Und welch unüberwindliche Sehnsucht!

Ob nun dies alles, die ganze qualvolle Wucht, die heimliche Pein der letzten zwölf Jahre noch einmal hereinbrach über das alte Herz: der weiße Scheitel sank langsam vornüber und sank schwer und müde auf den Berg Graustrümpfe. Still und reglos lag er auf diesem rauhen Kissen weicher Mutterliebe.

Die Minuten gingen. Die feinen Atemzüge der schlafenden Kinder wehten leicht durch die Stille, die schon gefüllt war mit dem Atem der Ewigkeit. Draußen brauste der Eifelschneesturm und fuhr wild um das schweigende Haus. Im Stall klirrte eine Kuhkette und ein Kälblein brummte wohlig im Schlaf.

Da schlug Lux an, der Schäferhund. Langsam hob sich der weiße Scheitel vom grauen Kissen. Ja, wirklich, der Hund! Er heulte durch die Nacht.

Die Guath hob nun mit unendlicher Mühe vollends den Kopf, den wirren, schweren Kopf, der immer wieder niedersinken wollte. Hörte sie nicht die Haustüre gehen? … Die Kinder schliefen, schliefen.

Tritte im Flur! Sie lauschte … Wo war sie denn? War das nicht ein Tritt, den sie unter tausend Tritten herauskannte. Sein Tritt …

»Mechel!«, zitterte es von den erstarrenden Lippen. Stand er da nicht in der Stubentür? … die alten, müden Augen wurden weit.

»Mechel!«, wehte es noch einmal aus dem Lehnstuhl. Sie wollte auf, ihm entgegengehen. Dann sank sie zurück. – Totenstille. –

»Guath, schlaft Ihr?«, fragte der Bub, der zuerst aufwachte. – »Guath, wacht doch auf!«, bat und bettelte das kleine Mädchen. – »Guath, sagt doch was!«, riefen beide ärgerlich und fingen zugleich an zu weinen. – Aber die Guath wachte nicht mehr auf. Sie sagte nie mehr etwas. Die Guath war heimgegangen in der Heiligen Nacht.

Bauernweisheiten

Wie sich die Witterung vom Christtag bis Dreikönig verhält, so ist das ganze Jahr bestellt.

Im Hornung (Februar) sieht man lieber den Wolf
Als einen Bauern in Hemdsärmeln.

Christabend
Heinrich Lentz

Nach dem Kriege war das Bergland der Eifel eine einsame Insel. Die Landstraßen weiß und leer zwischen abgeernteten Feldern, die Tannenforste dunkel und schweigend. Drunten in den Tälern der Flüsse brauste es vom Fieber der Zeit, oben schwangen friedlich und sanft die abendlichen Glocken von Dorf zu Dorf. Es war ein heimliches Glück, hier zu leben zwischen Herden, Bäumen und bereiften Wiesen, zwischen schlichten Menschen und einfachen Dingen, die klare Luft der Berge zu atmen, die aus wilden Hochwäldern und verlorenen Heiden herüberstrich, und den Fuß auf feste, mütterliche Erde zu setzen.

Damals wohnte ich bei meinem Freunde Martin in einem alten, weitläufigen Bauernhofe mit braunem Fachwerkgebälk und breitem, tief herabgezogenem Dach. Das Haus lag am Rande des Dorfes an der Straße, die von der Mosel heraufführt. Der Gartenzaun stieß an die Wiesen der Dorfflur, und hinter den Wiesen stand der Saum des Waldes.

Der Winter brach früh herein mit Schnee und klarem Frost. An Mittagen, wenn die Sonne mit silbernem Speer den blanken und blauen Schild des Himmels durchschoss, wanderten wir durch tiefverschneite Bergwälder, deren Wipfel wie kristallene Kronen über uns schwebten, oder wir stiegen den alten Keltenweg ins Enderttal hinunter zu den Mühlen, deren Räder im Eis festlagen.

Wir saßen oft in der niedrigen, weißen Stube der Leimühle bei krachenden Buchenscheiten, tranken aus dicken grünen Bauerngläsern und machten unsere Pläne für die Zukunft. Der Müller, ein graubärtiger Mann mit ruhigen Augen, klagte über die harten Zeiten. Doch wir waren guter Dinge. Das Blut rollte frisch und leicht in der reinen Winterluft. Es fehlte uns nichts als ein mäßig gefüllter Beutel. Auch das musste mit der Zeit kommen. Wir waren jung und hatten die Last des Krieges hinter uns. Wir bliesen den blauen Rauch der Pfeifen gegen die Decke und spannen helle Gedanken.

Eines Tages fand Martin auf dem Dachboden seines elterlichen Hauses zwischen wurmstichigen Kasten und altem Hausgerät ein verstaubtes blaues Heft. Es war die Chronik eines Pfarrers aus der drangvollen Zeit der napoleonischen Kriege, die durch irgendeinen Zufall unter das Gerümpel des Dachbodens geraten und hier vergessen worden war.

Wir nahmen das Heft mit in Martins Stube und versenkten uns in die krausen, altmodischen Schnörkel der vergilbten Schrift. Da wurde erzählt von Konskriptionen und Bulletins der Großen Armee, von Diebesbanden und Deserteuren, die sich in den Wäldern umhertrieben, von Feuersnot und Misswachs, von Einquartierung und rauen Kosaken, die auf flinken Pferdchen über die Heerstraße galoppierten, von all den Sorgen und Plagen einer kriegerischen Zeit. Wir lasen bis tief in die Nacht hinein und sahen den alten Pfarrer vor uns, wie er beim blakenden Öllicht mit zitternder Hand und bekümmerter Miene den Gänsekiel führte, um die Erinnerung an leidvolle Tage zu Nutz und Frommen der Nachfahren festzuhalten.

»Prachtvoll«, sagte Martin, als wir zu Ende waren, mit heißen Augen, »das ist so lebendig und frisch, als wäre es gestern geschehen.« Und nach kurzem Überlegen: »Versuchen wir mal unser Glück mit der Feder! Das gibt ein prächtiges Bild aus dem Dorfleben vor hundert Jahren.«

Am nächsten Morgen machten wir uns an die Arbeit. Kein großes künstlerisches Werk kann mit tieferer Andacht und stolzeren Hoffnungen begonnen worden sein.

Es ging nach dem ersten kühnen Anlauf immerhin langsam mit unserer Schreiberei. Wir trösteten uns jedoch mit dem Gedanken, dass noch kein Meister vom Himmel gefallen sei. Martin wiederholte diesen aufmunternden Zuspruch jedes Mal, wenn meine Feder ruht. Die kleine Studierstube Martins, die wir die Postkutsche nannten, war den ganzen Tag blau von Tabaksdampf.

Draußen schneite es. Amseln, die im Weinstock nach erfrorenen grünen Beeren gesucht hatten, klopften mit hartem Schnabel an die Fensterscheiben. Die Hühner hockten wie aufgeplusterte Federbälle auf dem Holzstoß, der vor dem Hause aufgeschichtet war.

Wir schrieben, beredeten umständlich das Geschriebene, verbesserten, warfen das meiste ins Feuer, schrieben aufs neue und konnten nach einigen Tagen endlich mit Genugtuung und einer gewissen Erleichterung den letzten Strich hinsetzen.

Martin rieb sich die Hände. Ich war weniger hoffnungsvoll, wagte aber nicht, meine Bedenken zu äußern. Martin steckte das Manuskript, das zu ansehnlicher Fülle angewachsen war, in einen gelben Umschlag, schrieb in großen Zügen die Adresse einer Zeitschrift darauf, und dann übergaben wir feierlich den Brief dem Postboten Christoph, der täglich um die Mittagszeit ins Haus stapfte und die Zeitung brachte. Martin schenkte ihm diesmal einen Wacholderschnaps ein und wies auf den Wert des Briefes hin, den wir ihm anvertrauten. Christoph strich sich den Schnurrbart, rückte mit einer geläufigen Bewegung die Riemen seiner schwarzen Ledertasche zurecht und machte sich, den Stock fest aufsetzend, wieder auf den Weg. Wir sahen ihm lange nach, wie er zwischen den Ebereschen der Straße dahinschritt.

Nun war es vorbei mit unseren Wanderungen durch die winterlichen Wälder. Mittags, wenn der Schnee auf den Feldern rosig erblühte und der schwache Rauch des Herdfeuers zitternd in die klare Luft stieg, warteten wir unter dem Nussbaum an der Wegkreuzung auf Christoph. Sobald seine blaue Mütze mit den roten Streifen in Sicht kam, spürten wir unser Herz stärker klopfen. Nach einigen Tagen zwinkerte Christoph uns lächelnd zu und sagte jedes Mal bedauernd: »Nur die Zeitung.«

Das gab uns stets einen Stich durchs Herz, aber Martin meinte nach etwa vierzehn Tagen: »Die Redaktionen haben es nicht eilig, die lassen so etwas oft lange liegen. Wir haben sicher noch Aussichten, sogar gute Aussichten, denn sonst hätten wir das Ding längst zurück.«

Ich dachte an die bekannten großen Papierkörbe und erwiderte nichts. Wir gingen zurück in die Postkutsche und brieten Äpfel auf dem eisernen Kanonenofen.

Weihnachten rückte heran. Der Schnee war hart wie Holz gefroren. Krähenschwärme umlagerten das Dorf. Die Hasen schlüpften durch die Lücken der Zäune und nagten die letzten Kohlstrünke ab. Die Meisen wagten sich bis in die Ställe. Alles drängte sich in die Nähe der Menschen, an die Mauern der Häuser, wo es Wärme gab, Nahrung und Licht.

Das Dorf lag wie ausgestorben. Man hörte aus den Ställen das dumpfe Brüllen des Viehes und das Klirren der Ketten. Jeden Morgen musste das Eis an der Tränke aufgehackt werden. An manchen Tagen klingelten die Schlitten der Jäger durch die Gassen, und in der Dämmerung zogen dann die Schuljungen die geschossenen Sauen an Stricken über den Schnee ins Dorf, gefolgt von den dampfenden, bellenden Hunden und den glücklichen Schützen.

Am Tage vor Weihnachten erwarteten wir wieder Christoph unter dem Nussbaum.

»Nur die Zeitung«, sagte er mit seinem gewöhnlichen gutmütigen Lächeln, das unsere Hoffnungen zergehen ließ wie mürbes Eis in der Sonne. Martin nahm ergeben das Blatt. Ich schaute starr an den beiden vorbei die Straße hinunter, die bis zum Waldrand von kahlen Ebereschen gesäumt war. Krähen strichen mit schweren Flügeln über die Schneefelder.

»Frohe Weihnacht!«, wünschte Martin und wandte sich zum Gehen.

Aber Christoph hatte es heute nicht eilig. »Wisst ihr schon, dass der Hochpochtener Förster gestern einen Handwerksburschen erfroren im Seifen gefunden hat?«

»Wissen wir schon, Christoph. Frohe Weihnacht!«

»Halt!«, rief Christoph, der umständlich mit verfrorenen Fingern seine Pfeife stopfte, »einen Augenblick noch! So läuft man einem guten Freund, der stundenlang für euch durch den Schnee und die Hundskälte marschiert ist, doch nicht davon! Ich hätt' noch was für euch, das wir am besten bei einem kräftigen Schnaps abmachen könnten.«

Sein blaurotes Gesicht strahlte uns mit einem wahren Christtagsglanz an.

»Na, was denn?«, fragten wir beide gleichzeitig. Konnte es möglich sein? Ich las in Martins Augen den gleichen Gedanken.

Christoph, der sich an unserer Spannung weidete, versorgte bedächtig den Tabaksbeutel und steckte die Pfeife in den Mund. Dann zog er ein paar gelbe Hefte aus seiner Tasche und brachte nach einigem Kramen noch eine Postanweisung zum Vorschein.

Martin schoß das Blut ins Gesicht. Ich fühlte ebenfalls meinen Kopf brennen.

»Lautet auf zweihundert Mark«, sagte Christoph, »zahlbar nach einem kräftigen und stärkenden Schnaps.« Er lachte über sein breites, gutmütiges Gesicht und strich den Schnurrbart.

Das wurde ein fröhliches Christfest diesmal in der Postkutsche.

In der Dämmerung verschwand Martin mit einem Beil. Bald kehrte er zurück mit einem Tannenbäumchen, in dessen Geäst die Schneeflocken glitzerten. Der kräftige Harzduft erfüllt die Stube. Wir hängten rote und silberne Kugeln in den Baum und steckten Kerzen auf die Zweige. Die Glocken läuteten voll über das Dorf. Aus der Küche, wo Martins Mutter und Schwestern wirtschafteten, kam der Geruch von frischem Gebäck.

Martin stieg in den Keller und holte ein paar Flaschen Moselwein, die für frohe Stunden aufgespart waren. Konnte es einen glücklicheren Anlass geben?

Der erste Erfolg! Das erste Honorar! Nur wer es selbst erlebt hat, kann verstehen, was ein solches Ereignis bedeutet.

Der Wein funkelte in den Gläsern, die Kerzen schimmerten mild, und es knisterte leise, wenn ein Flämmchen die grünen Nadeln versengte. Der Wind stieß mit rauschender Gewalt aus den Tiefen der Bergwälder in den Kamin, und die Funken sprühten aus dem glühenden Ofen. Ein leichtes Schneetreiben hatte sich draußen aufgemacht. Die Glocken verhallten.

Wir saßen auf dem geblümten Kanapee und summten die alten und lieblichen Lieder der Hirten, die so reich sind an heiligen Wundern und Geheimnissen. Wir träumten zurück in kindlich bunte Tage, in ferne traute Zeiten, da noch das Spinett dünne Lieder sang und das Stadttor mit schwerem Riegel verwahrt wurde, da der Nachtwächter mit Spieß und Laterne durch die Gassen stelzte und seinen einsamen Hornruf durch die dunkeln Gassen schickte. Und wir dachten zurück an den alten Pfarrherrn, der im Schicksalsjahre 1812 beim trüben Öllicht in kummervollen Gedanken seine Chronik aufzeichnete. Wir lebten die Not jener Jahre noch einmal mit, wir gingen durch leere Ställe und Scheunen, wir sahen die Dragoner des Soldatenkaisers durch das Dorf reiten und hörten die Trompeten übermütig schmettern.

Ein warmer Dank dem alten Pfarrer, der uns diese Bilder in Herz und Sinn gegeben hatte! Wir waren sehr glücklich an diesem Abend. Alles erschien uns in reinen und leuchtenden Farben.

»Das ist ein guter Anfang«, sagte Martin und hob sein Glas.

»Wir machen eine Winterwanderung durch die Eifel«, schlug ich vor. Martin willigte ein. Wir besprachen an Hand einer Karte den Wanderweg. Eine Strecke wollten wir im Schlitten des Müllers, der ein Verwandter Martins war, mit Schellengeläut und Peitschenknall zurücklegen.

Ehe wir zu Bett gingen, legte Martin das Geld in ein Wandschränkchen, das neben seinem Schreibtisch hing. Ich schaute nach dem Wetter. Das Schneetreiben war stärker geworden. Der Mond stand hinter bleichen Schneehügeln. Der klagende Ruf nächtlicher Vögel verwehte in der winterlichen Einsamkeit.

Wir lagen noch lange wach in unserer weißgetünchten Schlafstube, wo es nach Äpfeln und frischem Leinen roch. Eine weiße Hülle legte sich von außen gegen das Fenster. Die Kerze brannte still und sanft mit rötlichem Licht. Ich las in Stifters Mappe von Schlittenfahrten durch vereiste und verzauberte Hochwälder und von der Schneepracht jungfräulicher Wildnis, bis ich in einen glücklichen und tiefen Schlaf hinüberglitt. –

Am andern Tage, als Martin aus dem Wandschränkchen eine Briefmappe herausnehmen wollte, war das Geld verschwunden. Ich dachte zunächst an einen scherzhaften Streich meines Freundes. Aber Martin wurde unwillig. Wir fragten seine Mutter und die Schwestern. Niemand war in der Stube gewesen. Wir durchsuchten das Schränkchen und die ganze Stube. Das Geld blieb verschwunden. Sonst fehlte nichts im ganzen Hause.

Die Sache war uns allen ein Rätsel. Ich hatte am Abend das Fenster geöffnet, als ich nach dem Wetter ausschaute und dann einen kleinen Spalt offengelassen, um dem Rauch, der dicht in der Stube lag, einen Ausweg zu geben. Aber draußen vor dem Fenster und im Garten zeigte sich keine Spur. Es hatte die Nacht durch in dicken Flocken geschneit. Der Garten lag weiß und unberührt.

Das Geld war nicht zu finden. Es blieb uns nichts übrig, als auf Schlittenfahrt und einsame Wanderung durch ferne Schneewälder zu verzichten. »Wie gewonnen, so zerronnen«, sagte Martin und lächelte ein wenig traurig. –

Wir dachten noch oft an jenen Christabend und das geheimnisvolle Verschwinden unseres ersten Schriftstellersoldes zurück, bis eines Tages unerwartet und seltsam die Lösung kam.

Es war im nächsten Sommer, als ich wieder einige Wochen bei Martin zubrachte. Wir saßen an einem warmen Abend auf der Hausbank vor der Türe, wo der Duft der Kirchlinden, vermischt mit dem Heubrodem der Wiesen, schwer und berauschend vorüberfloss.

Da kam der Gemeindevorsteher, einen gelben Briefumschlag in der Hand, den Kirchhügel hinunter auf uns zu.

»Eine merkwürdige Geschichte«, meinte er kopfschüttelnd, während er ein Schreiben entfaltete, das mit einem amtlichen Stempel versehen war, »eine höchst merkwürdige Geschichte! Da soll hier in eurem Hause am letzten Christabend Geld gestohlen worden sein. Im ersten Haus an der Straße von der Mosel her, heißt es, das müsste doch euer Haus sein, Martin. Aber das kann doch nicht stimmen, seit Jahr und Tag ist hier im Dorf kein Geld gestohlen worden, so viel ich weiß.«

»Doch, es stimmt«, gab Martin nach ein paar Augenblicken betroffener Überraschung zurück, »in der letzten Christnacht sind zweihundert Mark aus meinem Zimmer verschwunden. Wir haben damals die Sache nicht ausgebracht, weil wir keinen Anhaltspunkt, nicht einmal den leisesten Verdacht hatten.«

»Also doch!«, verwunderte sich der Vorsteher und reichte uns das Schriftstück herüber. Es kam von einem Gericht aus dem Magdeburgischen. Ein Landstreicher, der dort aufgegriffen worden war, hatte sich zu dem Diebstahl bekannt. Er war in der Christnacht von der Mosel her in die Eifel gewandert und hatte im ersten Hause des Dorfes ein Licht gesehen, während sonst alles schon im Dunkel und Schlaf lag. Die Gartenpforte war nicht verschlossen, er hatte sich leise an das Fenster geschlichen, gerade als Martin das Wandschränkchen öffnete, um die Geldscheine dort zu verwahren. Durch das angelehnte Fenster war er dann nachher eingestiegen. Den Namen des Dorfes hatte er angegeben und die Örtlichkeit so genau beschrieben, dass nur Martins Haus in Frage kam.

So war es also gewesen! Ein Menschenschicksal zeichnete sich in den dürren Worten des amtlichen Schreibens ab. Es war wohl einer jener armen Teufel, die heimat- und ruhelos über die Landstraßen schweifen. Vielleicht ein Handwerksbursche, der an den Türen abgewiesen wurde und der heimlich in Scheunen nächtigte. Ein frierender und hungernder Mensch, dem der Wind durch die fadenscheinigen Kleider bis auf die Haut blies, der mit zerlöchertem Schuhwerk durch den eisigen Schnee stapfte, der auf Chausseesteinen kurze Rast hielt. Vielleicht hatte ihn am Christabend der Wunsch gepackt, wieder einmal einen brennenden Lichterbaum zu sehen und in den Bildern der Kindheit seinen Schmerz und Jammer für eine kurze Weile zu vergessen.

Geheimnis und Trauer der menschlichen Dinge! Wir saßen lange schweigend im Sommerstrom der blühenden Linden und sterbenden Wiesen.

An jedem Weihnachtsabend, wenn die Kerzen aufglänzen und die alten, tröstlichen Lieder erklingen, kommt mir die Erinnerung an jenes Christfest in der verschneiten Eifel, und ich sehe einsame Gestalten gebeugt und müde über eisige Landstraßen wandern.

Zwei Tage vor der Weihnacht
Wilhelm Hay

1.

Jn dem sonst so friedlich stillen Dorf herrschte seit vierzehn Tagen große Erregung. Wie ein Alp lag es auf allen Herzen. Die Haustüren waren meist geschlossen. Die Frauen, die in Stall und Scheune zu tun hatten, spähten ängstlich umher. Wenn das Halsenbachs Lieschen zur Schule ging, rief es stets ein paar Freundinnen an, und auf dem Weg fassten sich die Mädchen fest an den Händen. Der Lehnen Klaus aber pfiff recht laut, so oft er an dem großen Scholtespäsch vorbeiging, um die Angst nicht aufkommen zu lassen. Dicke Nebelschleier lagen schwer auf Dorf und Flur. Selbst die Männer waren erregt.

Es hatten nämlich einige Frauen, als sie auf dem Nikolausmarkt im Moselstädtchen »den Niklos bestellten«, außer Weckhasen und Plätzchen noch eine Neuigkeit mitgebracht. Am Abend, als die Kinder mit frohen Gesichtern hinter dem Tisch saßen und Nüsse knackten, da hatte die Schusterkathrein, die am Dorfrand wohnt, plötzlich eine ernste Miene und einen Finger gemacht: »Kenner, Kenner, holt euch in acht, de Buschwitt es widder do!« Da machte das vierjährige Mariechen, das gerade einer Weckdutz den Kopf abbeißen wollte, große Augen und vergaß das Kauen; die anderen Kinder verzogen das Gesicht zum Weinen; jedoch der Fips drehte den Kopf zur Tür und knurrte leise.

Am andern Morgen aber war wie ein Gespenst die unheimliche Kunde von Haus zu Haus gegangen: der Buschwitt sei wieder da! Gar auf die umliegenden Orte drang diese Nachricht, erregte Herzen und Nieren, und selbst in Gillenbeuren, das doch am Weltende liegt, wuschen und waschten die Frauen hastiger an dem alten Brunnen, schauten über die Wasserwiese, patschten und baschelten: »De Buschwitt, de Buschwitt es widder do!« –

So hatte es auch Oswald, der Primaner, erfahren, als er frohgemut in Nacht und Nebel von der zwei Stunden entfernten Bahnstation seinem Heimatdorfe zuschritt. Dass er fleißig und sittsam gewesen und allerlei Neues gelernt habe, trug er schwarz auf weiß in seiner Tasche. Unendlich weit und schön dünkte ihn die Welt und die Ferienzeit kam ihm schier endlos vor. Da hatte ihm der Wirt im »Waldfrieden« an der Straße die Neuigkeit erzählt, und zuhause hörte er es gleich noch einmal: der Buschwitt sei wieder da. – –

Der »Buschwitt« war ein alter Mann mit langem, schneeweißem Bart, aber noch sehr rüstig. Wenn er mit bedächtigem Schritt würdig daherkam und in salbungsvollen Worten sprach, hatte er etwas Ehrwürdiges an sich; man hätte ihn für einen Gottesmann aus alter Zeit halten mögen. Nur wenn man ihn in der Nähe sah, erschrak man vor dem unheimlichen Feuer der Augen und dem unsteten Blick. Unstät und unheimlich war auch sein Leben und Tun. Im Dorf geboren, hatte er früh eine Verbrecherlaufbahn begonnen, den Gerichten manchen Knoten geknüpft und den größten Teil seines Lebens hinter Gitterstäben verbracht. In stillen Stunden aber erwachte auch in diesem Menschen die Sehnsucht nach der Heimat, und war er für kurze Zeit der Haft entronnen, dann tauchte er eines Tages im Dorfe auf; irgendwo schien er noch ein Hausrecht zu haben. Oft sah man ihn jahrelang nicht; jedes Mal aber wenn er kam, legte sich ein Druck auf die ganze Gegend. Mit äußerer Freundlichkeit und innerem Zittern gaben ihm die Hausfrauen Eier, Speck und Brot, so oft er mit einem Korb am Arm erschien. Vor dem Schlafengehen aber musste der Vater noch einmal nach dem Stalle sehen; die Mutter schloss selbst die Haustür und schob den Riegel vor. Und das war berechtigt und gut. Denn schon manches Huhn, manch Lamm oder Zicklein war in solchen Zeiten des Nachts verschwunden; und manches Kälbchen hatte von des greisen Mannes Hand eine »Witt«, das ist ein weidener Strick, um den Hals bekommen und hatte hinter einem Busch sein junges Leben lassen müssen; »Buschwitt« war so der rechte Name.

Am liebsten kam der Buschwitt in seine Heimat, wenn die Krähen schrien und Schneewolken am Himmel hingen. Dieses Jahr hatte der Allerheiligensommer recht lange gedauert; dann waren nasse, nebelige Wochen gefolgt. Um St. Thomastag aber war es auf einmal kälter geworden; »'s ist Schnee in der Luft!«, rief der Mertesbauer seinem Nachbarn, dem Schullehrer, vom Holzplatz zu. Und als in der Frühe, zwei Tage vor Weihnacht, der alte Küstermatthes die Morgenglocke zu läuten ging, weckte er Sophie, seine Frau, und zeigte zum Fenster: »Frau, guck emol, et leid kneehuch Schnie; dat es schien, esu moß et sein am heiligen Chresttag.« Die Küstermutter aber machte ein verdrießliches Gesicht, sie liebte den Schnee nicht sonderlich, in einer Stadtgasse war sie zur Welt gekommen. Der Matthes aber läutete heute noch einmal so lange wie sonst. So schön war dieser Morgen im ersten Schnee! Das Rorateamt war stark besucht, auch die Entferntesten scheuten nicht den Weg. – –

Oswald, der Primaner, wohnte nahe der Kirche, und doch hörte er heute morgen nicht läuten. Das hatte er immer so gehalten: am ersten Ferientag schlief er sich mal wieder aus im heimatlichen Bett; auf diesen Genuss freute er sich schon lange im voraus. – Nun stand er am Fenster und schaute in die prächtige Winterlandschaft hinein. Draußen musste es recht kalt sein; ein scharfer Wind heulte um den Giebel des alten Hauses, wehte den Schnee am Wegrand zusammen, und noch immer wirbelten weiße Flocken zur Erde. Erwachsene sah man nicht, nur die Kinder gingen zur Schule, warfen sich mit Schneeballen, hatten vergessen, dass »der böse Mann« im Dorfe sei, und sangen ganz unbekümmert:

»Es schneit, es schneit,
O fröhliche Zeit! ...«

Halsenbachs Lieschen hatte ja am Morgen im Bettchen der Mutter die Arme um den Hals geschlungen und gefragt: »Gelt, Mutter, morgen und wenn wir dann nochmal ausgeschlafen haben, dann ist Christtag?«

Oswald wäre am liebsten gleich hinuntergelaufen, um sich mit den Kindern im Schnee zu tummeln; doch ein Primaner, ein Primaner! Da hielten gerade die Kinder inne im Spiel und Singen. Eine Frauengestalt kam aus einem Seitenweg; unter dem einen Arm trug sie einen kleinen, weißgestrichenen Sarg und in der Hand ein weißes Holzkreuz, so wie sie auf den Eifeler Dorfkirchhöfen an den Kindergräbern stehen. Sie ging langsam, und der Kampf mit dem Wetter schien ihr viel Mühe zu machen. Der Sturm war heftiger geworden und schmiegte der Frau das schneenasse Kleid eng an den schmalen Körper. Die Schneeflocken fielen noch dichter und schienen die ganze Gestalt einhüllen zu wollen. Als sie mit der Hand das Haar zurückzustreichen sich bemühte, entfiel ihr das weiße Kreuz; ein kleines Mädchen lief hinzu und hob es auf, die Frau fasste es fester und suchte schneller zu gehen. – Da sah Oswald ihr Gesicht, nur für einen Augenblick. Das erschien ihm angstvoll und unsagbar traurig. Eine Weile stand er noch sinnend am Fenster, als die Frau schon in der Richtung nach dem nur wenige Minuten entfernten Weiler verschwunden war. Die Kinder stimmten ihr Lied wieder an, da ging der »Student« hinunter.

Als er später frug, wer die fremde Frau sei, schien man seine Frage zu überhören. Erst als die Schwestern hinausgegangen waren, erzählte ihm die Mutter: Die sei mit dem Buschwitt gekommen, sei erst zwanzig Jahre alt und könne nicht gut deutsch sprechen, es sei ein schlechtes Mädchen. Mehr sagte die Mutter nicht, und es war auch nicht lieblos gesprochen. Oswald aber hatte verstanden und es griff ihm tief ins Herz. Den Tag über, wenn der Sturm vor seinem Fenster im Garten heulte und an der alten Eiche die Zweige von Kälte und Schneelast knackten, dann meinte er manchmal das Wimmern eines Kindes zu hören und sah eine Frau mit Schneesturm und Gedankenwirbeln kämpfen; und sah eine Mutter, die selbst den Sarg für ihr Kind hatte besorgen müssen.

Das war des Primaners Oswald Erlebnis am zweiten Tag vor der Weihnacht.

2.

Am anderen Morgen, als der Küstermatthes zur Messe läutete, war Oswald schon wach. Denn wenn er am ersten Ferientag sich ausschlief, so besuchte er am zweiten ebenso gewiss den Gottesdienst in seiner Dorfkirche. Auch darauf freute er sich immer schon lange vorher, und es war ihm das ein noch größerer Genuss. Da in dem schlichten Kirchlein seiner Heimat mit den alten Heiligenbildern und den Linden vor der Tür war es viel schöner als in der großen Stadtkirche auf dem kahlen Platz, wo der Priester in unnahbare Ferne gerückt schien und wochentags so wenig Menschen drin waren. Und wie als Kind, so betete er auch heute noch: »Lieber Gott, lass mich meine Heimat immer recht lieb behalten!« – Als der Sturm an den Kirchenfenstern rüttelte, sah Oswald draußen wieder die Flocken tanzen; da fiel ihm das Erlebnis von gestern ein, und unwillkürlich formten seine Lippen die Worte: »Herr, tröste die fremde Frau!« – Das war das erste Mal, dass er die Gemeinschaft bewusst empfunden, ein fremdes Schicksal ihm ans Herz gegriffen und dass er für einen fremden Menschen gebetet hatte.

Draußen an der Kirchentreppe, auf einem Stuhl, stand indessen schon der kleine, weiße Sarg, dahinter die Mutter mit zwei Frauen aus dem nahen Weiler, die damals – es war kurz nach Nikolaustag – der Fremden beigestanden hatten, als sie Mutter wurde. Wieder schienen die Flocken die zarte Gestalt einhüllen zu wollen. Das kleine Holzkreuz trug jetzt eine ihrer Begleiterinnen, die andere hielt eine Kerze; sie beteten leise.

Die Leute verließen die Kirche und gingen rasch an der Gruppe vorbei; die Frauen schlugen sich den Oberrock von hinten um den Kopf, um sich gegen Schnee und Mitleid zu schützen, die Männer machten empörte Gesichter und stampften fester den weißunschuldigen Schnee. Schon zählte die Kirche die Stunden, bis das himmlische Kind käme und den Frieden brächte auf die Erde; doch ihre Gläubigen hier bedachten nicht, dass auch diese Fremde guten Willens sein könnte. – Oswald hatte sich zu der Gruppe gesellt, als ob das selbstverständlich wäre. Da kamen die Kinder aus der Kirche; für ihre kleinen Gedanken war heut am Vorchristtag das Gotteshaus doch nicht groß genug. Gewohnheitsmäßig stellten sie sich in zwei Reihen vor dem Sarge auf; Kinder stehen ja noch diesseits des Bösen, denken noch groß von allem Tun der Großen und fragen nicht. Auch zwei ältere Jungfrauen hatten sich in unbewusstem Mutterempfinden dem Zuge angeschlossen. Diese trugen nun abwechselnd den Sarg nach dem vor dem Dorf liegenden Friedhof. Nur mehr ein feiner Schneestaub füllte die Luft und ein weicher Wind überwehte das Wintergelände. Der Geistliche, ein schon älterer Mann, änderte nicht die Züge, die ein gütiges Herz und viel Denken verrieten; ein großes Verstehen und ein großes Verzeihen lag auf seinem Gesicht. Der alte Küster aber in schwarzem Talar und Sammetmütze blickte streng wie ein Richter; beinahe hätte ihm dieser »Fall« die Weihnachtsfreude verdorben. –

Der Friedhof mit der lebenden Hecke und den hohen düsteren Tannen bot einen feierlich-ernsten Anblick; die Äste hingen unter der Schneelast tief herab, so als laste ein Verhängnis über der Stätte und der kleinen Menschengruppe, die da an dem schmalen Grabe stand. Es war aber jetzt kein Schnee mehr in der Luft, unmerklich fast ging der Wind. Und als der Totengräber, der immer sehr nachdenklich ging und manchmal laut vor sich hinsprach, den weißen Sarg ins Grab stellte, da wurde es mit einemmal heller. Die Wintersonne strahlte durch die Wolken, ganz zaghaft, mild; strahlte hinunter bis auf den Kindersarg im offenen Grab, und ein Schimmer kam von da herauf und blieb auf dem Gesicht der jungen Mutter haften. Und die Fichten rauschten leise, ihr tröstend ins Herz. Die Kinder aber vernahmen schon Engelgesang, sahen einen Lichterbaum und gefüllte Teller; hatte doch Lieschens Vater am Morgen den Christbaumständer vom Speicher geholt; und in der Kirche auf der Jungenseite stand schon der Krippenkasten, daraus hatte Schäferchriste Peter während der Messe einen Engelsflügel und ein Eselsohr hervorgucken gesehen. – Oswald hingegen kamen die Tannen, die schon auf viele Tränen und zu Grabe getragene Hoffnungen herniedergeschaut hatten, wie der Verkörperung der Tragik vor; das geheimnisvolle Raunen der Wipfel jedoch sagte ihm, dass es etwas gebe, was dem Menschen hinweghilft über alles Erdenleid und alle dunklen Wege. Ein fester Glaube an das Leben, an göttliche Fügung und Führung senkte sich tief in sein Herz.

Das erlebte der Primaner am letzten Tag vor Weihnacht und außerdem dies: Zum erstenmal in seinem Leben hatte er eines andern Menschen Schicksal mitleidend empfunden und dieses Mitgefühl auch nach außen gezeigt. Das kam ihm auf dem Heimweg vom Friedhof zum Bewusstsein, und da erst fiel ihm auf, dass so wenig Menschen bei diesem Leichenzug waren. Mit seinen Gedanken beschäftigt, merkte er gar nicht, wie die Leute im Dorf ihn groß anschauten und verwundert sich frugen: Was hat denn der mit diesem schlechten Mensch zu schaffen? ... Er aber hatte das Gefühl, als habe er heut seine erste Mannestat vollbracht. – –

Noch an demselben Tag soll die fremde Frau fortgegangen sein, wer weiß wohin. Auch den Buschwitt sah Oswald in diesen Ferien nicht. Später ist er noch oft allein wiedergekommen.

Winterstimmung in Klinzig (Bad Bertrich)
Emmi Elert

... Winter – langer, trüber Winter!

Kein Sonnenstrahl, kein Himmelsblau schaut mehr aus ewiger Höhe grüßend in das enge Tal. In grauer, nebliger Masse liegt die Wolkenschicht undurchdringlich, unbeweglich zwischen den Berghängen, als wäre der Himmel auf die Erde gesunken.

Dämmerung statt des Tageslichtes! Hinter der südlichen Bergwand versteckt, beschreibt die winterliche Sonne ihre kurze Bahn; schon um vier Uhr beginnt die Nacht. Kein Eis und kein Schnee, keine klare, frische Winterluft. Nur Nebel und immer Nebel, Regen und Schmutz; das ist der Winter in Klinzig.

Und wenn oben auf dem Eifelplateau eine weiße, flimmernde Decke sich über Höhen und Täler senkt, wenn der rauhe Ostwind pfeifend über die Ebene streicht, dann blickt man oben von der eisigen Höhe aus überrascht in den schwarzgrünen Kraterschlund, der da plötzlich vor den Augen sich gähnend öffnet. Im saftigen Grün hängt der hohe Buchs seine duftigen Blätter über schroffe Felskanten, zwischen denen Brombeerranken und Farnen in fast sommerlicher Frische prangen. Vorwitzig schauen junge Erdbeersprossen unter dem welken Laub hervor, als wüssten sie, daß der Winter hier nicht so grausam sein wird, ihre Neugier mit Vernichtung zu bestrafen. An Tagen, da der Nebel sich geteilt hat und das Stückchen Himmelsblau sichtbar ist, könnte man sich plötzlich in den Frühling versetzt denken; und manch Veilchen, das unter der Erde schlief, streckt traumverloren sein Köpfchen in die warme, feuchte Winterluft.

Erst im Januar dichtet sich die Atmosphäre zu kleinen glitzernden Kristallen, die sich als Raureif an die laublosen Bäume und an die Nadeln der Koniferen hängen. Wie in feenhafter Pracht ruhen die waldigen Berghänge in heiliger Stille unter dem blauen Gewölbe – als feierte die Natur ihr Christfest mit tausend und tausend leuchtenden Weihnachtsbäumen in dem ewigen Dome.

Langsam rauscht die geschwätzige Klinz über verglastes Gestein, und aus den Felsklüften plätschern die Wasserstürze über lange Eiszapfen und Gletscher, die in ihrer winterlichen Starrheit einen wunderlichen Kontrast bilden zu der lebenden Brunnenkresse und den grünen Farnen, über die das träge Wasser sickert.

Klinzig im Winter! Alles scheint nun im Winterschlaf zu liegen – die Natur, die verschlossenen Häuser und die Arbeit der Menschen. Schwatzend stehen die kräftigen Männer da an den Straßenecken und unterhalten sich vom Dorfklatsch. Oder sie liegen im Fenster und vertreiben sich die Zeit, die Vorübergehenden anzurufen und die Nachbarn zu beobachten.

Die Frauen und Mädchen sitzen in der warmen Stube und besprechen die Neuigkeiten, die ihnen durch die Männer von der Straße und aus der Wirtschaft hergetragen werden. Der Winter ist lang und da wird das Leinenzeug immerhin noch fertig genäht sein, bis die Fremden kommen, da können die Hände schon mal müßiger sein als der Mund. Wenn es draußen nicht zu kalt ist, dann gehen die weiblichen Einwohner Klinzigs ebenso gern auf den Schwatz wie die männlichen. Im Winter passiert ja so wenig im Dorf, da hört man gern, was die andern vielleicht neues wissen; im Sommer haben die Frauen ohnehin keine Zeit, sich um den Dorfklatsch zu kümmern, da tragen ihn die müßigen Männer allein aus …

Sturm in der Eifel
Heinrich Ruland

Sturm jagt durch das Eifelland,
schnaubt und braust,
zaust
die mageren Bäume am Straßenrand,
springt gellend hinauf den kahlen Hang,
wo schüchtern und bang
wie verirrte Kinder Wacholder und Ginster
aneinanderrücken.
Bläst mit vollen Backen ins Tal,
dass die alten Heiligen in Nischen und auf Brücken
mit frierender Hand
enger raffen ihr buntes Gewand
und die Muttergottes erschrickt,
besorgt auf ihre nackten Füße blickt.
Sturm jagt durch das Eifelland,
treibt mit Fauchen und Zischen
aus hohen Kronen und niedern Büschen
die bunten Blätter in wirbelndem Gewimmel
hochauf in den grauen, wolkenzerfetzten Himmel,
läßt sie tanzen und sich drehn
und sie all
in jähem Fall
in den Gräben und Schluchten verwehn.
Über die braunen Kuppen und Hügel
streicht mit weitgespanntem Flügel
eine Rabenschar,
johlt und schreit:
»Eifelland, 's kommt harte Zeit
– harte Zeit!«

Wintermorgen

Ludwig Steinbach

Schneeverbrämte Tannenforste,
Ackerbreiten, tief verschneit.
Auch das traute Eifeldörfchen
Trägt ein weißes Winterkleid.

Wölkchen müd' und mausgrau steigen
Über Dächern schneebesäumt.
Hinter kahlen Lindenbäumen
Einsam still ein Kirchlein träumt.

Schwarzbefrackte Krähen schreiten
Steif und hungernd durch den Schnee.
Windend, mit erhobnen Lauschern,
Äugt am Wald ein braunes Reh.

Sturmgeschützt in warmer Sasse
Meister Lampe pflegt der Ruh;
Dicht und dichter fallen Flocken.
Decken ihn im Lager zu.

Bauernweisheiten

Januar muß vor Kälte knacken,
Wenn die Ernte gut soll sacken.

Ist der Jänner hell und weiß,
Wird der Sommer sicher heiß.

Das Stubener Christkind
Hildegard Moos-Heindrichs

Während ihre Mitschwestern in der Kapelle die Christmette feierten, brachte Schwester Hilleburgis, mutterseelenallein in ihrer Zelle, ihren Erstgeborenen zur Welt. Soeben hatte der Propst in der Kapelle nebenan das Gloria angestimmt, als eine letzte Presswehe das Kind zutage förderte und die Angst, entdeckt zu werden, ein Ende nahm. Sie zerschnitt die Nabelschnur, band sie mit einem Faden ab, wusch den Säugling notdürftig in einer Waschschüssel und wickelte ihn in ein Handtuch. Dann beseitigte sie alle Spuren des Geburtsgeschäftes, nicht ahnend, dass in wenigen Minuten die Nachgeburt eine zweite Säuberung nötig machen würde.

Bald betrat die Priorin die Zelle, um nach der Krankgemeldeten zu schauen, und fand ein schmales, blasses Gesicht, fast noch ein Mädchengesicht, den Kopf kahl geschoren, unter den groben, aber reinlichen Leintüchern hervorlugen.

»Oh, Ihr braucht ärztlichen Beistand?«, fragte sie.

Hilleburgis schüttelte den Kopf und schlug die Augen nieder. Aber schon war die Priorin, ohne weitere Untersuchungen anzustellen, wieder aus der Zelle geeilt.

Es dauerte nicht lange, und ein Schwarm junger Novizinnen flatterte herein, die sogleich den Rosenkranz zu beten begannen. Hilleburgis lag regungslos und mit geschlossenen Augen auf ihrem Lager. Nur hin und wieder nippte sie an der Teetasse, die ihr die Küchenschwester gebracht hatte. Im übrigen überließ sie sich gern dem frommen Geschnatter in ihrer Klause nach all den einsamen Stunden der Geburtswehen.

Plötzlich schrie das kleine Wurm unter der Bettdecke. Das Gemurmel brach mit einem Mal ab. Schwester Gertrudis, das Küken im Noviziat, stürzte ans Krankenlager, schlug die Decke zurück und fand das rosige, winzige Etwas in den Armen ihrer Mitschwester.

»Das Jesuskind, wahrhaftig, das Jesuskind«, hauchte Gertrudis fassungslos und sank ehrfürchtig in die Knie. »Wahrhaftig, das Jesuskind«, kam das Echo aus den übrigen Kehlen.

Hilleburgis sah sich unerwartet von lauter Bewunderinnen umringt, die ihrem Entzücken nicht genug Ausdruck verleihen konnten: »Wie niedlich, die Fingernägelchen, die Ohrmuscheln, die Stupsnase!« Bis die Novizinnenmeisterin den Huldigungen ein Ende bereitete, indem sie ihre Schützlinge wegen der Nachtzeit in die Zellen beorderte.

Am nächsten Morgen stellte sich, wie von Engeln herbeigeflogen, alles Erdenkliche ein, was eine Wöchnerin nur so wünschen konnte: Windeln, Babyhemdchen, Gummi- und Brusttücher, Wickelbänder, Rässelchen … Mit Tränen in den Augen umstanden die Spenderinnen das Bett, wagten kaum zu sprechen, aus Furcht, das schlafende Kind zu wecken, und schlichen auf Zehenspitzen wieder hinaus.

Die junge Mutter erholte sich schnell, und schon nach wenigen Tagen war sie in der Lage, am Gebetsleben des Konvents teilzunehmen. Als sie zum ersten Mal nach der Geburt den Nonnenchor betrat, nickte ihr die Priorin nur aufmunternd zu, als hätte sich nichts weiter als die Genesung einer ihrer Klosterfrauen ereignet. Dies war verständlich, weil schon in jener Heiligen Nacht ein Gespräch unter vier Augen zwischen der Priorin und der Novizinnenmeisterin stattgefunden hatte. Darin hatte es immer wieder geheißen: »Der Glaube unserer unschuldigen Vögelchen darf nicht gefährdet werden.«

Bis Maria Lichtmess blieb Hilleburgis noch von allen Klosterarbeiten befreit, aber auch hernach bekam sie mancherlei Rücksichtsnahme zu spüren. Wenn sie wegen der Stillzeiten zu spät am Mittagstisch erschien, traf sie kein missbilligender Blick. Im Gegenteil, man suchte ihr die Wünsche von den Augen abzulesen. Sie brauchte nicht nach Babyhütern Ausschau zu halten, jederzeit boten sich mehrere Mitschwestern zur Betreuung des Kindes an. So wuchs der Säugling, von vielen Frauenhänden gehegt und gepflegt, bald prächtig heran, und obwohl er dem

Propst wie aus dem Gesicht geschnitten war, wurde er der Anlass klösterlicher Freude, ja, der Stolz des ganzen Konvents.

Endlich sollte in den stillen Gängen ein wirkliches Kind aus Fleisch und Blut herumtollen. Ach, der Jesusknabe auf Marias Schoß hatte sich nie geregt, so oft man die Krippe auch aufgestellt hatte: stets dasselbe unvergängliche Lächeln, stets dasselbe blauäugige Aufschauen, stets dieselbe hingebungsvolle Armhaltung. Dieses lebendige Kind aber, das dem Kloster in der Heiligen Nacht geschenkt worden war, würde lachen und weinen, die Augenlider heben und senken, die Ärmchen ausbreiten und verschränken und für so manche Überraschung sorgen.

Hätten die Novizinnen gewusst, wie man ein solch lebendiges Menschenkind erwerben könnte, gewiss hätten sie keine Mühe gescheut, derselben Gnade teilhaftig zu werden, wie sie Schwester Hilleburgis gewährt worden war.

Als die Zeit des Breiessens nahte, saß der Kleine schon mit am Tisch und beherrschte die Tafelrunde. Alle Aufmerksamkeit galt nur ihm; ein Wink genügte, und ungezählte Leckerbissen wanderten zu seinem Teller. Beim Nachtisch stauten sich die Gaben vor seinem Platz.

Im Sommer lernte der Kleine, seine Gönnerinnen selbst auszuwählen. Auf allen Vieren kroch er in die Kammern seiner Lieblingsfrauen, so dass seine Mutter ihn oft zur Nachtruhe rufen musste. Anfangs ließ er sich geduldig forttragen; als er aber feststellte, dass seiner nur das Bett wartete, schrie er zum ersten Mal so durchdringend, dass im Nu der gesamte Konvent in Hilleburgis' Zelle versammelt war. Sofort verstummte der kleine Schreihals und weidete sich an dem Anblick so vieler besorgter Gesichter. Hände streckten sich ihm entgegen, die eine mit Zuckerstücken, die andere mit Heiligenbildchen, wieder andere mit einem Rosenkranz.

Fortan schlief der Junge nie wieder in seinem Bettchen ein und ließ sich nur schlummernd auf ein Lager betten.

Es war Advent, als der beinahe Einjährige seine ersten freihändigen Schritte wagte. Die Schwestern waren gerade beim Chorgebet, da sprang die Tür auf, und der Kleine stolzierte in die Kapelle. Mit einem Schlag brach der Gesang ab. »Er kann ja schon laufen!«, flog es von Mund zu Mund, und das Gegacker wollte nicht enden. An diesem Tag gab es keine Gebetsstunde mehr. Das Laufenkönnen des Jungen ließ alle Pflichten vergessen.

Der nächste Sonntag war Laetare. Was lag da näher, als einen Dankgottesdienst zu feiern. Der Propst las die Messe und hatte Mutter und Kind in der ersten Reihe Platz nehmen lassen. Da der fremde Herr es immer wieder holdselig anlächelte, rutschte es plötzlich von der Bank und begab sich, abwechselnd kriechend und unsicher tapsend, zum Altar. Schon reckte es seine Ärmchen dem Propst entgegen, so dass dieser, obwohl er gerade zur Wandlung schreiten wollte, das Kind emporhob und laut und vernehmlich sagte: »Deo gratias.« Er vergaß vor lauter Begeisterung, den Gottesdienst zu Ende zu führen; stattdessen ließ er das Kind mit den Wandlungsglöckchen spielen, zeigte ihm, wie man Kerzen auspustet, wie man das Tabernakel öffnet, wie man Weihwasser über die Gläubigen sprengt. Die Nonnen suchten Zuflucht in den Beichtstühlen und zwitscherten, um die Aufmerksamkeit des Kindes auf sich zu lenken, in allen Tonlagen: »Kuckuck!« Nun wollte der Junge den Vogelstimmen nachgehen. Wie jubelte er jedes Mal, wenn er statt eines Kuckucks eine Nonne entdeckte. Zuletzt wollte er sich selbst verstecken. Er deutete auf das kleine vergoldete Kästchen auf dem Altar, das noch einladend offenstand. Niemand von den Großen hätte hineingepasst. So war es nicht verwunderlich, dass dieses Kerlchen, so lange es seine Körpergröße erlaubte, der Einladung zu folgen wünschte. Ehe das Kind seinen Willen deutlicher kundtat, hatte der Propst es schon in das Tabernakel gesteckt und das Türchen zugezogen. Nun aber tobte der Kleine, unerwartet des Lichts beraubt, der Behälter begann zu schwanken, aber nur Sekunds, denn sofort befreite der Propst den Jungen wieder und überließ ihn seinen vielen Ersatzmüttern, die von allen Seiten herbeigeströmt kamen.

Für dieses Mal war damit die Spielstunde beendet. Aber nun drängte das Kind bei der kürzesten Andacht ins Gotteshaus, so dass ohne es keine kirchliche Veranstaltung mehr denkbar war. Es dünkte ihm kein Vergnügen köstlicher, als eine fromme Versammlung in eine fröhliche Spielgemeinschaft zu verwandeln.

Schließlich lag der gesamte Klosterbetrieb lahm. Nicht einmal die Weihnachtskrippe wurde zum Fest aufgebaut, denn das Jesuskind war ja leibhaftig im Kloster anwesend. So kam es, dass weder das Fest der Unschuldigen Kinder noch Dreikönig in das Bewusstsein der Klosterfrauen drang. Nur als sich dann im Februar einige kostümierte Kinder an der Klosterpforte zeigten, begriff Gertrudis, die gerade den Türdienst versah, den Stand des Kirchenjahres. Sie bat einen der kleinen Indianer um seinen bunten Kopfschmuck und drückte ihm ein paar Kerzenstummel in die Hand. Da beeilte sich nicht nur das Angesprochene, sondern auch die anderen Kinder, ihren Federputz abzunehmen und der Schwester auszuhändigen. Über und über mit Federn behängt, tauchte Gertrudis zur Essenszeit im Refektorium auf. »Es ist ja Fastnacht!«, rief der überraschte Konvent. Etliche versuchten, ihrer Mitschwester den Schmuck zu entreißen, andere legten ihren Schleier ab, um ihre Bereitschaft zur Verkleidung zu bekräftigen. Im Nu hatten sich, so weit die Mitbringsel reichten, die Ordensfrauen in eine Gruppe Wilder verwandelt, die mit wichtigen Gebärden bei dem Jesusknaben Eindruck schinden wollten. Doch dieser ließ sich, so lange es ihm mundete, nicht beeindrucken. Endlich war das Dankgebet gesprochen, da zog es die Frauen in ihre Zellen. Die Ordenstracht wurde an den Nagel gehängt und durch eine karnevalistische Kostümierung ersetzt, aus Laken, Tischdecken, Vorhängen, Schals zusammengewürfelt. Die Nonnen waren kaum wiederzuerkennen, als sie sich in ihrer neuen Aufmachung dem Jungen präsentierten. Kreischend und kichernd hüpften sie um ihn her und stießen wilde Schreie aus, die das Kind mit Vergnügen erwiderte.

Über all dem Treiben hatte die »Häuptlingsfrau« den Termin der nächsten Visitation aus dem Auge verloren. Als die Ausgelassenheit dem Höhepunkt zustrebte, meldete der Propst – sein ernstes Gesicht passte so gar nicht zu der lustigen Bemalung um Augen und Mund – die Ankunft des Bischofs. Mit einem Mal erstarb alle Freude, Totenstille trat ein, so dass das Kind vor Schreck zu weinen begann. Einige Nonnen versuchten noch mit Faxen und Grimassen, den Kleinen aufzuheitern, da stand plötzlich Seine Eminenz im Türrahmen, sichtlich erstaunt über das Bild, das sich ihm bot. Die Priorin warf sich sogleich zu Boden, die Novizinnenmeisterin fiel auf die Knie, Hilleburgis kreuzte ergeben die Arme über der Brust. Aber niemand fand ein erklärendes Wort.

»Es ist 19 Uhr«, brach der Bischof das Schweigen, »warum haben Sie sich nicht zur Komplet in der Kapelle versammelt? Warum haben Sie das Ordenshabit abgelegt und gegen eine solch lächerliche Verkleidung vertauscht?« Doch er erhielt keine Antwort.

So streng, beinahe scharf, hatte der Kleine noch keinen Menschen sprechen gehört. Zuerst verzog er nur das Gesicht, dann aber setzte er zu einem solch durchdringenden Gebrüll an, dass selbst der Bischof zusammenzuckte. »Wer ist der Junge«, fragte er verwundert, »wie kommt er in dieses Kloster?«

Nun war es Gertrudis, die als erste die Sprache wiederfand und laut und bestimmt verkündete: »Es ist doch das Jesuskind! Weiß Eure Eminenz nicht, dass es schon vor einem Jahr zu uns gekommen ist?«

»Hm«, stutzte der Bischof, »doch, doch«, und er beugte sich nieder, um es väterlich auf seinen Arm zu nehmen. Das Kind beruhigte sich rasch und legte, sobald es das frisch rasierte Kinn des hohen Herrn spürte, das Ärmchen um dessen Hals. Es schien so, als habe es auf ein männliches Wesen gewartet. Ob nun der Bischof nicht wagte, den Jungen abzuschütteln, oder ob er die Zärtlichkeit zu sehr genoss, es war nicht auszumachen; jedenfalls blieben der kleine und der große Mann für diesen Abend ein Herz und eine Seele, bis das Kind wie in Abrahams Schoß auf den Schenkeln Seiner Eminenz einschlief.

Infolge dieser wundersamen Wendung hätte der Junge vielleicht durch die Protektion des Hochwürdigsten Herrn Bischofs im Kloster zu einem erwachsenen Mann heranreifen können, wäre nicht, ja, wäre nicht ein zweites Jesuskind geboren worden. Jene Verdopplung hätte, offen gestanden, die Erziehung des Einzelkindes vereinfacht. Aber die Wahrheit ist, dass die Zeit der Geburt den Ausschlag gab. Das Kind erblickte nämlich nicht in der Heiligen Nacht das Licht der Welt, sondern am Fest der Heiligen Familie, ich glaube, in der Zelle einer der Oberglucken. Außerdem soll es ein Mädchen gewesen sein.

Ein Eifeldorf liegt ganz verschneit
Matthias Lang

Ein Eifeldorf liegt ganz verschneit.
Wie schön steht ihm das weiße Kleid!
So wie ein Kind im Festgewand
Strahlt es verklärt ins stille Land.

Mein Nachbar stößt das Fenster auf
Und lacht vergnügt zu mir herauf.
Sein Antlitz sieht so festlich aus
Wie tief im Schnee sein kleines Haus.

Vor Staunen stumm die Kiefern stehn
Und fragend in das Wunder sehn …
Als Antwort läutet leis der Wind
Das alte Lied vom Weihnachtskind.

Im Weihnachtswald

Peter Schröder

Der Wintersturm braust heulend durch den Wald,
Verschneit die Fluren und die braune Heide.
Und endlos dehnt sich rings das Eifelland
In seinem lilienfarben Himmelskleide.

Die Tannen stöhnen unter ihrer Last,
Und aus den Zweigen kommt ein banges Ächzen,
Die süße Vogelkehle ist verstummt,
Nur aus der Luft schrillt hohles Rabenkrächzen.

Da bricht hervor aus grauem Wolkenflor
Wie Himmelsgruß ein lichtes Sonnenblitzen;
In Demantpracht erglänzt der Winterwald,
Und Funken sprüh'n von allen Nadelspitzen.

Da geht es wie ein Raunen um und um,
Der Bach im Grunde murmelt holde Kunde:
»Ich weiß«, so flüstert er geheimnisvoll,
»Nun naht das Glück der heiligen Weihnachtsstunde.«

Bauernweisheiten

Tanzen im Jänner die Mucken,
Muss der Bauer nach dem Futter gucken.

Wenn das Gras wächst im Januar,
Wächst's schlecht im ganzen Jahr.

Schnee anno 1890
Laurenz Kiesgen

Das Häuschen lag in der Eifel am Ende des Ortes, der sich langgedehnt ins Tal schmiegte. Wenn man von der hart daran vorbeilaufenden Straße ins Haus wollte, musste man Treppenstufen steigen; aber vom Hofraum führte ein Pfädchen gleich in die Feldflur und weiter aufwärts in den Bergwald.

Seit Menschengedenken hieß es in dem Häuschen »An Mülfarts«, obschon die Bewohner die Böckers waren. Und Böcker, der Schneider, hieß im Dorf Meister Meck; aber er nahm es nicht krumm. Wozu auch? Er selbst konnte auch einmal, wenn es nottat, einem mit einem treffenden Wort übers Maul fahren, dass es ihm war, als hätt' er mit dem glühenden Bügeleisen einen drüber gekriegt, und dann, er konnt' es aushalten mit den anderen! Er hatte sie nicht nötig, wohl aber sie ihn. Sein Handwerk nährte den Mann, und auch die Frau; und wer lieferte Arbeit bis nach Kyllburg und Trier? Damals, in den 90er Jahren, begann die Eifel sich langsam zu machen, das Interesse der Außenwelt wandte sich ihr zu; aber bar Geld ist immer dort rar gewesen, und wer, wie Meister Böcker aus Gomperfeld, vom Großkaufmann regelmäßig Arbeit ins Haus bringen durfte, der konnt' sich ins Fäustchen lachen. Zumal, wenn er mit der Frau allein fleißig dahinter sein durfte, also aller Verdienst in die eigene Tasche floss.

Im übrigen waren die Böckers immer ernstgerichtete, raffige, ja man darf es sagen, geizige Menschen gewesen; und wer von ihnen abhängig war, hatte es zu fühlen. So auch die Frau, die Susanne, Sus genannt. Darum freute sie sich, wenn der Mann ab und zu zur Ablieferung auswärts war. Das waren Tage, in denen sie einmal aufatmen und ihr eigener Herr sein konnte.

An einem solchen Tag war es, nicht lange vor Weihnachten, als der Sus jenes Begegnis zustieß, das ihr ganzes Leben in andere Bahnen lenkte, und das hier erzählt werden soll. – Es ist ja merkwürdig im Menschenleben! Du gehst deinen Weg, wie träumend, vielleicht unwillig unter harten Bresten, aber doch im Bewusstsein: Ja, dies ist mein Weg! Was kümmern mich Abgründe und Schlünde, die zur Seite drohen? Und dann, eines Tages, tust du den Gedanken, machst den verhängnisvollen kleinen Schritt, die verstohlene Schwenkung. Vielleicht unter einem Zwang, aber doch nur und allein mit deinem Willen. Und was geschieht? Du hast deinen Weg verlassen, ein fremdes Land umfängt dich. Wohl kann der Wanderer noch durch zeitige Umkehr auf sein richtiges Ziel zu den rechten Weg wieder finden: er hat es besser als die Seele des Menschen, die oft nimmer heimfindet von der Abirrung, die anfangs so unbedeutend, so lächerlich klein schien. – –

Sus sah an jenem Dezembertag von ihrer Näharbeit auf in die frühe Dämmerung, unwillig, dass die Tageshelle so bald wich und sie nun ihre Arbeit bei der Petroleumlampe fortsetzen musste. Nun musste schon wieder das teure Öl verbrannt werden. Das teure Öl! Und nun, als wenn eine Tür aufgemacht worden wäre, strömten und stürmten ihre unruhigen, bohrenden Gedanken alle hinaus und umklammerten mürrisch den, an dem sie schon den ganzen, traurig-trüben Nachmittag herumgebissen hatten: ihren Mann. Genau zwei Tage hatte sie seine nörgelnde, scherenscharfe Stimme nicht zu hören brauchen; aber morgen kommt er wieder; dann ist alles wie sonst. Die Arbeit ist nicht genug bezahlt, das Material ist zu teuer, die Tage sind zu kurz, sie, die Frau, tut zu wenig. Sie arbeitet nicht genug auf den Haufen, es türmt sich nicht schnell genug. – Ja, so war er nun einmal, der Böcker, und nichts dran zu ändern.

Dass ihr all das heute auf einmal so zum Greifen nah und hässlich-hell vor Augen stand! Jetzt, nachdem sie die zwei Jahre schon mit ihm verheiratet war. Eigentlich hätte sie ja damals der Mutter nicht zu glauben brauchen, als die zu ihr sagte: »Die Eh' ist meist ein Weh, und wenn sie nix an den Füßen hat, ist sie die Höll'. Man kann auch einen liebkriegen, der was in den Brei zu brocken hat.« – Da hatte sie den Geliebten, den schwarzen Girret, laufen lassen und dem Meister Böcker ja gesagt.

Aber es war nicht wahr, was die Mutter als so selbstverständlich hingestellt hatte. Den schwarzen Girret konnte sie nicht verschmerzen, zumal, als er als Forstgehilfe in den Hochwald weit fortgezogen war. Dann aber hatte es sich gegeben, sie hörte und sah nichts mehr von ihm, er wurde vergessen. – Bis heute auf einmal! Das kommt vom dummen Alleinsein. Da kommen dir die Mucken. Hastig stand sie auf und trat ans kleine Fensterchen.

Sie zog das Gardinchen beiseite. Trüb war dieser Abend. Kaum dass man drüben noch die schwarzen Bäume des Loskopps sah, über den der Weg in ein paar Stunden ins Kylltal führte. Wahrhaftig, es war eine so trostlos graue Düsterkeit, noch nicht Nacht, aber alles bedeckend, niederdrückend, und nicht viel anders war es den ganzen Tag gewesen. So, als wenn noch etwas Besonders, Unheimliches in der Luft läge. Kaum konnte sie noch den großen Lindenbaum in der Wegbiegung erkennen; aber dennoch unterschied sie, wie sein kahles Astgewirre sich durcheinanderbog und wallte und gitterte: horch, der Wind fegte mit kurzen, wütenden Stößen um den Berg.

Wer jetzt draußen sein muß! Und sie dachte an ihren Mann; aber der saß sicher gemütlich in Trier oder in der Bahn, und blieb heute in Kyllburg. Auf den war Verlass, der ging und kam auf die Minute.

Zeit war's, den Stall zu besorgen. Aber was ist denn das? Wie Sus auf den dämmerigen, schmalen Hof hinaustrat, taumelte etwas Gespenstisches, Weiches und Kaltes auf ihre nackten Arme, sprang ihr wie Spinnweb ins Gesicht: Wahrhaftig! Schnee! Na den hatte man schon gespürt in den Knochen, und die Zeit war ja auch dafür da; eigentlich merkwürdig für die Jahreszeit war ja, dass er jetzt erst kam! Sonst um Allerheiligen herum war der Schnee meist schon derart, dass man von der übrigen Welt richtig abgeschnitten war. Aber es war eben ein so ganz seltsames Jahr gewesen: Altweibersommer mit Sonne und Wärme bis tief in den November hinein, und dann auch noch nichts vom Winter. Und jetzt, als wirklich der Schnee sich meldete, da kam er wie etwas Überraschendes. So eilig, so haltlos eilig und dicht begann das helle Gerisel im Abenddämmer. Sus schaute erstaunt in den Himmel hinauf, aber der war jetzt nur wie eine einzige, wehende, fallende Decke, wie eine wogende, graue Wolke. Das war kein Geplänkel, das war Ernst.

Der erste Schnee! Und wie sich ein Kind darüber freut, jedes Jahr, und ihn als ein Geschenk köstlicher, kommender Winterspiele begrüßt, so war es auch der jungen Frau während der ganzen Stallarbeit zumut. Ein Schullied summten halb unbewusst die Lippen. Als sie damit fertig war und lachend, mit den Armen ins Gestiebe schlagend, ins Haus zurück wollte, da musste sie doch stutzen: Ihr Fuß verschwand schon völlig in dem flockigen Weiß. Hu, das schüttete mit einer Gewalt, als wenn ein Schneeberg herunterflösse, ja wirklich, flösse wie ein starker Strom.

Nun zündete sie im Zimmerchen die Lampe an. Deutlich sah sie die weißflaumige Einfassung der Scheiben wachsen und dichter werden, so stark floss der Schneestrom. Und während ihre Hände wieder fleißig die Nadel führten, kam in der wohligen Wärme ein Gedankenspiel wie lustiges Schneetreiben daher: was wunder, dass ihnen allerlei Erinnerungen entstiegen an Unfälle, die der Schnee gebracht, an einsame, lautlose Winterstille im Schnee, an grenzenlose Einsamkeit auf schneeglänzender Höhe … Und an Wanderer im Schnee!

*

Wer jetzt draußen sein musste! Immer wieder tauchte in ihr die Erzählung vom Ohm Johann auf, die sie als Kind so oft gehört, und in der der Ohm erzählte, wie er einmal mit genauer Not dem Tod im Schnee entging und wie es seinen Kumpan, den Gesellen Michel, gekriegt hatte.

Ja, da waren die beiden, von der Arbeit am Turm in Hahnenspey heimkehrend, vor dem Wald auf dem Loskopp von einem Schneeunwetter eingeholt worden, das war, sagte der Ohm, als wenn tausend Hexen mit Hühnerfedern dir Händevoll in die Augen werfen, dich dann rund und rund drehen und mit einem Geheul um dich tanzen, dass du ganz geckig wirst. Der Michel hatte ein Viertelchen zuviel gehoben. Der geriet in Wut und sagte, das ließe er sich nicht gefallen, und schlug mit den Armen in das

Gewölk. Aber das half natürlich nur, dass er bald matter wurde, und wider den Sturm, der gegen uns anstieß, wie mit schweren, nassen Tüchern, kaum noch ankonnte.

»Ich«, so erzählte der Onkel, »war anfangs gutgemut, denn ich wusste, dass wir keine Halbstund mehr vom Ort waren; hatte dabei aber nicht berechnet, dass wir nicht allein müd von der Arbeit, sondern auch schon zwei Stund' unterwegs waren. So sagte ich dem Michel, er sollte sich dicht hinter mir halten, ich wüsste den Weg wie meine Tasche, ich hielte ihm den ersten Anstoß des Unwetters ab. Wenn wir im Wald erst wären, das gäb' gewonnen Spiel. – Ja, ich meint so; aber es kam anders. Wer nie im Schneesturm war, macht sich da keinen Begriff. Es ist, wie wenn eine Fliege in die Suppe fällt. Sie dreht sich, sie will fliegen, sie zerrt, sie brummt, sie hält auf den Rand des Tellers hin, bald ist sie dran, bald wieder ein Stück davon ab, und immer tiefer gerät sie in die Brüh', darin sie nachher doch verkommt und einsinkt. Und dann ist sie verloren! Grad so ist es mit dem Menschen im Schnee. Ich meint als immer, ich geh' grad auf den Wald zu und wunder' mich nur, wie weit der Weg ist; und endlich merk' ich, dass ich wohl einen ganz falschen Weg eingeschlagen hab' bei dem Gequirl und Getanz, das um mich stiebt und stürmt, und da dreh ich mich um und schrei dem Michel zu: Michel, schrei ich, wir sind fehl gegangen, wir gehen ab und müssen auf! Aber da war kein Michel mehr hinter mir!«

Die Sus fühlte jetzt wieder den Schauder, den die Kinder bei dieser Stelle empfanden, wenn der Ohm das erzählte, und dann pflegte er stets eine lange Pause zu machen, die er durch mächtiges Paffen ausfüllte, wobei er dann alle der Reihe nach ansah.

»Und da«, hatte der Ohm weiter erzählt, »bekam ich ordentlich Angst und wusste nun, dass ich um mein Leben marschierte, und da hab' ich ein paar Vaterunser zum heiligen Antonius gebetet und bin gradaus gegangen immer bergan, wenn ich auch meint', der Schnee ging über den Stiefelschaft, und ich hatt' die ganz langen, die Winterstiefel, an, und es war manchmal, als hing ein halber Zentner am Bein. Aber ich fühlt' es, es muß! Und wie ich so noch ein halb' Stund gestiefelt war, hundmüd' zum Umsinken, da war ich im Wald. Da kann ich euch aber sagen, da war ich am End'! Keine Minute hätt' ich noch fertig gebracht in dem Getratsch und Gewirbel. Meine Spazierhölzer waren rein wie taub und tot, ich fiel gegen einen Stamm und muß wohl was eingedöst sein; aber der Schreck macht mich gleich wieder wach, ich zitterte wie ein Hündchen, und gleich kam mir der Gedanke: Wo ist der Michel? Ist er schon vor oder liegt er im Schnee? Da macht' ich mich denn durch den Wald so schnell wie'n Spitzbub und war heraus eh' ich's dachte. Und Gott sei Dank! Als ich heraus war, da hörte das Schneien auf wie abgeblasen, der Mond kam grad heraus, und Gomperfeld lag vor mir wie ein schönes, helles Spielzeugdörfchen, und ich war gleich daheim, denn die Lampen blinkten mich an, und hier hatt' es nicht so stark geweht.« –

Wahrhaftig, Sus fühlte noch den ganzen Tonfall dieser gruseligen Schneegeschichte, die aber noch glimpflich ablief, denn der Onkel hatte noch gleich in der Nacht, da kein neuer Schneefall mehr drohte, Alarm gemacht und war mit Leuten vom Ort den Michel suchen gegangen. Und sie hatten ihn auch bald gefunden, er war kurz vor dem Wald auf der Höhe in ein Schneeloch gefallen; aber da er eine Dachleiter auf der Schulter getragen, war die im Fallen aufrecht im Schnee stecken geblieben, als Wahrzeichen: hier liegt der Michel! Und auf der Leiter konnten sie ihn bequem heimbringen; denn er war ohnmächtig. Es hat sich herausgestellt, dass ihm der rechte Arm erfroren war, der ihm auch abgenommen werden musste. Und wenn er nicht zufällig die Leiter bei sich gehabt hätte …

*

Die junge Frau schrak zusammen, ihr war, als höre sie das Rieseln draußen in einem unendlichen, weithallenden Ton, und bisweilen glaubte sie, als rief jemand aus weiten, weiten Fernen. Ihr Mann?

Unsinn, der saß sicher jetzt warm. Und beim Gedenken an die Unwirtlichkeit da draußen, floss es wie eine Welle der Zärtlichkeit über ihr Herz: Ja, in diesem Augenblick wählt er gewiss das Weihnachtsgeschenk für sie, – er hatte so etwas halb schalkhaft angedeutet! – vielleicht eins von den wunderschönen bunten Kopftüchern, einen Baschlik, wie die Mode war, unter dem man herausschaute wie die Mutter Gottes in der Kirche zu Klausen! Oder gar das wertvolle Halskreuz von dem Goldwarenhändler in der Fleischstraße zu Trier, das sie beide im Sommer so bewundert hatten!

Ach ja, der Böcker war doch noch lange nicht der schlechteste! Und dann wieder, aufhorchend, vernahm sie den gleichmäßigen Ton aufseufzend sich steigern und heben, den der Wind in den wallenden Schneevorhang hauchte. Jetzt: die Uhr schlug sieben. Schon so spät! Aber still! … Ging da nicht die Hoftür? Wer mochte das denn noch sein?

Die Hände ruhten; lauschend saß sie. Wie, war der Böcker trotz des schlimmen Wetters doch schon zurück? Aber warum kam der dann von der Dorfseite, nicht vom richtigen Weg? Aber wahrhaftig, es stampfte mit Mannesschritten, jetzt an der Tür, stampfte den Schnee ab … erregt stand Sus auf … Girret! Der in der Tür stand bei diesem schrillen, ängstlich flatternden Schrei, das war der schwarze Girret. Haben ihre Gedanken, ihre Wünsche ihn gerufen? Unbeweglich stand Girret, rätselhaft auf sie blickend, indes der Schnee von seinem Rock tropfte; fast wild sah das dunkle Gesicht aus dem weißflaumigen Schneebehang. »Sus!«, ächzte er.

Nur dieser eine Laut, dieser Name, aber es lag darin der Ausbruch des Schmerzes, lang verhaltener Sehnsucht; es war wie der Aufbruch einer alten Wunde. Sus lehnte am Tisch, ihre Stimme war tot. Aber Abwehr sprach aus ihrem Blick, so deutlich, dass Girret nicht wagte, einen Schritt näher zu kommen.

So blieb er denn im Dämmer, man merkte ihm die Erregung an aus seinen Worten, die sie trank, die in ihr Ohr sanken wie langentbehrte Musik, wie Heimatklang. Was er aber da alles berichtete von sich, von seinem Tun seit der Zeit, dass sie sich nicht mehr gesehen, das nahm ihr Sinn nicht auf; erst als er sagte:

»Und da mußt' ich doch heut' mal wieder nach meinen Leuten, und konnt' es nicht überwinden, und ich mußt' dich mal sehen!« Da horchte sie dem Sinn seiner Worte zu.

Stumm wies sie ihm einen Stuhl zum Sitz: es dauerte noch geraume Zeit, ehe ihr aus der Schwüle des so ganz überraschenden Zusammentreffens die Gelassenheit wiederkam, so dass sie ihm auf seine Fragen zögernd, zurückhaltend antwortete. Und er las die Besorgnis auf ihrem Gesicht und kam ihren Gedanken zuvor: »Nein, Sus, das gibt nun kein Geschwätz im Dorf, meine Leut' wissen, dass ich ins Wirtshaus bin. Und der Schnee verwischt die Spur, weißt du!«

Da musste sie lächeln, und es kam ein gleichgültiges Gespräch zustande, unter dem freilich das alte Feuer züngelte und sich reckte. Und es musste etwas von diesem Feuer in den Augen der jungen Frau herausgeblitzt sein, es musste wohl von ihren dunkelgefärbten Wangen hauchen; denn Girret fasste ihre Hand, als er von seinem einsamen Leben sprach, als er von jenen Tagen zu sprechen anfing, da sie glaubten, sie würden das Leben zusammen gehen und glücklich sein. Sus ließ ihm die Hand; eine seltene Schwere spürte sie, wie eine Welle warmen Glückes schien es von diesem Händedruck sie zu überfluten, da …

Ihr Blick, aufs Fenster gerichtet, schien plötzlich etwas Fürchterliches zu sehen. Sie stieß seine Hand zurück, sprang auf, schrie gellend: »Der Böcker!« und sank dann, immer noch entsetzt auf das Fenster starrend, wie gebrochen auf ihren Stuhl.

Was war das? Girret fühlte es wie einen furchtbaren, eiskalten Schlag durch sein Blut rinnen, er sah ihrer ausgestreckten Hand nach, das Fenster gähnte ihn schwarz unter flirrenden weißen Schneewehen an; sonst nichts, nichts.

Ganz verstört war die Frau, nur mühsam war aus ihr herauszubringen, dicht vorm Fenster habe sie den Böcker, ihren Mann, gesehen, seinen hasserfüllten Blick auf Girret, und dann sei er langsam, wie müde, abgeglitten, versunken!

Da aber musste der Girret lachen! »Menschenkind, wenn ich deinen Mann nicht diesen Morgen in Kyllburg gesehen hätte, wenn er mir nicht selbst gesagt hätte, dass er noch nach Trier müsse, dass er erst morgen heim käme, dann könntest du ja vielleicht – vielleicht recht gesehen haben, dann täten wir ihn hereinholen! Der Mensch sieht als mal Gespenster.« – »So, und darum, weil du weißt, dass er nicht im Weg ist, kommst du her!«, blitzte sie ihn an; jetzt hatte sie ihre ganze Nüchternheit wieder: »Nu mach aber, dass du 'raus kommst.«

Damit war der Zauber vollends gebrochen; Girret suchte verstimmt noch etwas zu plänkeln, sprach von Weibereinbildung, dass er es gut gemeint habe, dass es doch keine Schande sei, alte gute Bekannte mal zu besuchen; aber aus ihrer Aufgestörtheit parierte sie jede Bemerkung, so dass er bald gereizt seiner Wege ging. Im Wirtshaus begoss er seinen Groll; am andern Tag musste er wieder fort.

*

An diesem andern Tag kam der Böcker nicht heim. – Sus sorgte sich nicht allzu sehr, denn dass er bei diesem hohen Schnee noch nicht gleich die Heimkehr wagte, das verstand sie. Wie der andere, der Girret, bei diesen Wegen an die Bahn und sein Ziel gekommen, danach fragte sie nicht. Mit Gewalt unterdrückte sie die Gedanken an ihn. Er war doch, das fühlte sie, ein gefährlicher, ein wüster Kerl.

Was aber hatte sie am Fenster gesehen? Es schauderte sie noch. War sein Bild eine Warnung? Sie wollte dafür dankbar sein! –

Die Tage liefen. Eine Woche verging. Der Böcker kam nicht.

Ach, dachte sie, der geckisch Kerl! Macht Spergenzchen und wartet bis zum Christtag. – Und wie eine feste Botschaft so stand es in ihr, dass er am Weihnachtsabend erscheinen würde, mit einem hellen Schein in seinem sonst immer so ernsten Gesicht, und in der Hand das Geschenk, … wahrhaftig, mit dem kostbaren goldenen Kreuz!

So fest hatte sie sich diese Sache eingeprägt, dass sie mehrmals davon träumte, ihren Mann blass und hinter Atem auf sich zutreten sah, die Hände vorgestreckt, – was hatte er denn darin? …

Das konnte sie niemals recht sehen, und fieberhaft wartete sie am heiligen Abend, wartete und wartete. Aber es kam keiner. Und so unheimlich und trostlos erschien ihr die eigene Wohnung, dass sie ihr Haus in wilder Hast verließ und Zuflucht suchte bei der Franziska, ihrer Freundin, wo sie im Kreise der beschenkten glücklichen Kinder still weinend stand, das Herz dumpf pochend in namenloser Angst …

Und keine Nachricht auch nach Weihnachten. Der Bürgermeister, grollend, dass die Sus ihn erst jetzt in Anspruch nahm, ließ den amtlichen Apparat spielen. Er erkundigte sich in Trier, in Kyllburg, und dort hatte man wohl den Meister Böcker am Tage des ersten Schneefalles auf der Station gesehen, – doch wer gab sonderlich acht auf alles? Nichts war an ihm aufgefallen, wahrscheinlich hatte er richtig den Zug bestiegen, – der eine meinte so und der andere so. In Trier war er danach nicht mehr gesehen worden.

Ein Donnerschlag für Sus. Böcker war und blieb verschwunden, trotz aller Nachforschung, trotz aller Aufrufe. Schließlich musste man annehmen, dass er irgendwo und irgendwie verunglückt sei, wenn er nicht einem Verbrechen zum Opfer gefallen war. – Und wie oft sah Sus den Verschollenen in ihren Träumen. Schreckhaft, wie ein Alp sie ängstigend. Und sie dachte, dass er doch vielleicht an jenem Tage die Heimkehr versucht, irr gegangen sei wie der Ohm Johann. Auf welchem Plätzchen der weiten Bergwelt mag er sein Ende gefunden haben? Und fast schien es ihr, dass er sich in der Stunde der Versuchung bei ihr angesagt.

Der Frühling wollte und wollte nicht kommen. So einen Winter wie 1890 hatte die auch sonst nicht verwöhnte Eifel seit Menschengedenken nicht mehr erlebt. Noch im März schneite es, dass es zum Erbarmen war. Wenn laueres Wehn vom Süden her Tauwetter brachte, dann stemmte sich bald die Kälte mit ungebeugter Kraft dagegen. Die Menschen hatten übergenug mit sich selbst und ihrer Not zu tun. An den Böcker dachte man schon nicht mehr. Nur die Sus wurde ihre Angst nicht los, und manche stille Messe ließ sie für den Vermissten lesen.

Sie durchlebte eine wunderliche Zeit. Immer war ihr, als müsse der Mann eines Tages wiederkommen, als müsste ein Ungeheures, Ungeahntes sich ereignen, es müsse für sie ein ganz neues Leben beginnen … Und immer so allein sein mit schweren, schuldbedrückten Gedanken!

Endlich schien der Tauwind Meister zu werden. Seine Stöße wurden machtvoller, anhaltender. Die Barriere von Eis, die das Häuschen wie ein Zapfenbart bis tief in die Straße umgab, brach in einer Nacht vor dem heftigen dunklen Wind klirrend zusammen. Sus erwachte von dem Prall, hörte den schwellenden Gesang des Frühlingswindes und das Tropfen des warmen Regens. Gottlob, der Winter scheidet! Unruhe gärte in ihrem Blut. Frühling, neues Geschehen nahte; was wird werden? … Erst gegen Morgen schlief sie wieder ein.

Da rief es schreiend in ihren Halbtraum: »Frau Böcker! – Böchersch! – Sus – vor eurem Haus! – Vor eurer Tür! – Marju! – Im Schnee! – Marju!« – Es bedurfte nicht des langgezogenen Entsetzens in »Marju!«, um Sus aufzujagen. Sie wusste gleich, was war. Im Zittern ihrer Hände war gleichwohl eine kalte Gelassenheit; das Geläuf draußen aus den nächsten Häusern sagte ihr, dass das Rätsel der Wintermonate im ersten Frühjahrshauch entwirrt war. Als sie aber schneebleich an die Tür trat, griff es sie doch mit spitzem Entsetzen am Herzen: er lag gerade vor dem Fenster, wie abgeglitten, die Faust geballt! Und als sie, wie er umgewandt wurde, in seine grau zerfallenen Züge sah, da umfing sie die Ohnmacht.

Das Dorf war wie ein aufgestörter Immenschwarm. Er war schon eingesargt, als Sus recht zur Besinnung kam. Sie wollte ihn nicht mehr sehen. Es war ihr zu graulich … Sie hatte seinen letzten Blick aufgefangen, damals … Es war kein Trugbild gewesen, es war grauenhafte Wahrheit.

Kein Wort darüber kam ihr auf die Lippen. In ungeheurer Erschütterung hielt sie immer und immer wieder das goldene Kreuzchen vor Augen, das man wohlverpackt beim Böcker in der Tasche gefunden hatte; dasselbe Kreuzchen, das so oft ihre

Gedanken beschäftigt hatte. Der arme, gute Kerl! Wie sah sie jetzt in sein Herz! Und fort für immer! Tot ist tot! Er war schon begraben, ehe er auf den Friedhof kam.

Schnee! Er fällt über dich, plötzlich und ungerufen; kann sein, du wirst von ihm überschüttet und begraben. Und auch mit den Schicksalsschlägen geht das so. Und mit dem, was die Welt »Glück« nennt.

Die junge Witwe, deren blasse Wangen allmählich wieder Farbe bekamen, wie sich die Natur draußen aus dem Totenweiß zu Leben und Farbe langsam wieder bekannte, grübelte viel über Schein und Sein, über Gedanke und Tat. Aber immer war das Schlussergebnis: »Ich bin nicht schuldig! Gotteswille; ich darf mich noch in der Sonne sehen lassen!«

*

Und es war, als wenn überreich die Sonne ihr noch scheinen müsse. Die tragische Geschichte, dass der müde Heimkehrer, im Begriff, über die schwelle seines Hauses zu treten, noch in der tückischen Schneewelle ertrinkt, erregte ungeheueres Aufsehen. Sie erregte die Teilnahme der ganzen Welt, die damals gern in die Tasche griff, zumal, wenn die Angelegenheit in der Zeitung mit geschickter Aufmachung den Spendern öffentliche Ehrung brachte. –

Sus hatte sich um nichts bekümmert, wusste von nichts. Eines Tages stand der Bürgermeister vor ihr, mit schalkhafter Würde: »Susi, wenn du nun noch eine reiche Frau würdest? Hm.« Sie sah ihn an, halb beängstigt. Machte er mit ihr, der armen Witwe, einen Scherz? Sie eine reiche Frau? Hatten nicht schon die Brüder Böcker, weil der Ehe keine Nachkommenschaft geworden war, in bestimmtester Form auf Haus und Äcker Anspruch erhoben. Musste sie nicht heute oder morgen aus dem Haus? – Diese Gedanken bewegten ihr Gemüt. Kaum klug wurde sie aus dem, was der Bürgermeister da sprach von »Sammlung« und »bedeutender Höhe der Spenden«. Erst als er lachend mit dem Finger drohte und sagte: »Aber den schwarzen Girret, den Luftikus, heiratst du mir nit!«

Wahrhaftig, es war so. Sus wurde so reich, dass Verwandte in Trier, die sie sonst nur von oben herab angesehen hatten, sie freundlich einluden, das unglückliche Dorf, in dem nur traurige Erinnerungen für sie wären, mit der schönen Stadt zu vertauschen. Sie sei noch jung und müsse mal das Leben kennen lernen.

Und von jetzt ab ist das Leben der Witwe Sus nur noch eine Komödie; wert, dass sie bald ausgespielt war. Denn man konnte nicht verstehen, dass sie nunmehr dem schwarzen Girret, der plötzlich an seinem Posten im Wald keinen Spaß mehr hatte und den Beruf eines Kneipwirtes in sich entdeckte, bei seinem stürmischen Werben nachgab; so war sie quälender Gedanken und peinigender Einsamkeit ledig und sagte trotzig »Ja!« zu dem Spiel der Gefühle, das sie am Unglückstag verwirrt hatte. Aber dass sie ihn frei mit dem ganzen Sammelfonds – man sprach von sechzigtausend Mark! – schalten ließ, das war Blindheit und gänzlicher Abfall von der Erziehung, die ihr erster Mann ihr hatte angedeihen lassen.

So kam es dann sehr rasch, wie es kommen musste. – Das arme Dörfchen, wo man die Sus seit dem ungeheuerlichen, unbegreiflichen Geldsegen wie eine goldbehangene Märchenprinzessin im Gedächtnis hatte, erlebte noch ein neues Wunder mit der Böcker-Sus, deren Schicksal das kleine Nest weithin bekannt und berühmt gemacht hatte. Das war jener Tag, als sie gar armselig von Trier wiederkam und, abermals Witwe, ihren Einzug hielt. Der Goldglanz war gründlich abgestreift, den hatte der Girret die Gurgel hinabgewaschen und sonst mit allerlei unsauberen Geschichten verwischt; ein Glück, dass der Bürgermeister noch einen kargen Rest des Segens festgemacht hatte, ehe der Girret infolge »schweren Lebenswandels« abfahren musste.

Der Bürgermeister, der nun einmal eine Schwäche für Susi hatte, riet ihr auch, das teure Trierer Pflaster gegen die gewohnte einfache Straße im alten Dorf zu vertauschen; eine geschickte Schneiderin käme da immer noch ganz gut fort. »Ja, Susi«, sagte er, »das Geld schüttelte ja damals herein wie ein plötzliches Schneewetter, aber es ist auch richtig schnell geschmolzen wie Schnee.« Sus sagte nicht viel. Sie wusste besser, warum eine höhere Gerechtigkeit ihr diese Sühne auflegte. Und sie trug sie ohne Zagen. Wir sind für alles verantwortlich, auch für jeden Gedanken, denn aus Gedanken wächst die Tat.

Auf dem schönsten Grab des kleinen Kirchhofs trägt der Stein, vor dem alle Fremden mit leisem Schauder stehn, folgende Inschrift:

> Am … Dezember 189 … wurde Karl Böcker,
> Schneidermeister, von einer Reise heimkehrend,
> vor seinem Hause von Müdigkeit überfallen
> und fand sein Grab im Schnee. R.I.P.

Was die alte Glocke plauderte
Joseph Klassen

Was war das ein Wehklagen und Wimmern oben im Turm zwischen Himmel und Erde, dass die Bauern auf und unter den Balken bald anfingen, sachte aufzutreten und ihre rauhen Stimmen zu dämpfen? Soll einem das Herz in Trauer nicht überquellen, wenn man aus Wohnstube und Wirkungskreis herausgeholt wird, drinnen man hunderte Jahre treu wie eine echte Herrgottsmagd seinen Dienst getan?

Die Lichtenborner schafften daran, die alte Glocke aus ihrem Stuhl zu heben, damit sie drei neugeborene Schwestern ablösten, die sich gerade anschickten, ihre Reise von ihrem Geburtsort nach der sturmumwehten Höhe anzutreten. Dabei musste die alte Glocke ans Klagen kommen; denn wer wollte einem runzeligen Weiblein den Mund schließen, wenn schwere Tage über es stürzen wie Ziegel vom Dach bei Unwetter und Sturm? Und so wimmerte und schrie das Glöckchen denn mehr als einmal auf dem Weg unten in den Glockenturm. War das ein Jammer, fast so wie bei einer alten Jungfer, die draußen auf dem Feld der Schlag gerührt und die man sorglich nach Hause schleppt, dass in der warmen Kammer und in den weichen Kissen das Leben zurückkehre und die steifen Glieder sich wieder regen und Kraft zeigen.

Die Jungfrau Glocke wollte nicht ans Sterben denken. Im Jahre, da drüben im Herzen Deutschlands der Augustinermönch Martin Luther vom Glauben seiner Väter abfiel, war sie geboren und getauft worden im alten heiligen Bekenntnis. Was hatte sie nicht alles seit 1517 erlebt! Gewiss war's nicht lauter Sonnenschein gewesen, mancher Sturm hatte sie mitgenommen; das zeigte ihr heiliger, geweihter Leib. Längst war ihr die glatte Schönheit ihres Geburtstages geraubt, verzackt und vernarbt schaute sie in die Welt, als wär' sie im Krieg und Kugelregen gestanden. Und ihre Stimme? Lasst mich davon schweigen! Soll man denn alles von der guten, alten Jungfer ausplaudern? Mit Recht würfe sie einem dann eine Handvoll kräftiger Scheltworte in den redseligen Mund, dass er gern still hielte.

Weiß doch Jedermann, wie alte Mädchen singen und dass die doch keiner mit dem Taktstock zum Magnifikat nimmt und zum Vorsingen bei der Muttergotteslitanei im schönen Maienmond. Aber trotz dieser Gebresten – einmal war sie sogar beim Dorfschmied in Behandlung gewesen, dem sonst nur Ackergäule und Wagenräder unter die Hände kamen – trotzalledem wollte sie nichts vom Ruhestand wissen. Einer soll Tränen an ihr gesehen haben, als man die Alte draußen am Kirchhof zwischen zwei Eschen hinaushob, dass sie dort noch Dienst tue, bis die junge Nachkommenschaft daher käme. Das konnten nur Freudentränen sein, die der Himmel dem alten guten Mädchen von oben herab ins Antlitz tropfte.

Bitterkalt war's in der rauhen Freiheit zwischen den Eschen, aber die alte Jungfer spürte den garstigen Bergwind kaum, den kannte sie gut vom Turm da oben her, da war er oft als ein ungeladener Gast in der Glockenstube gewesen und hatte darin herumrumort, dass sieht beim Aveläuten die Himmelsmutter bat, sie soll't den wilden, unheiligen Gesellen aus dem Turme weisen, damit ihre geweihte Stimme nicht in seinem weltlichen Getöse untergehe.

»Blas, eisiger Eifelwind, und stürm' mit deinem kalten Atem über Berg und Hügel!«, so murmelte die alte Glocke mehr als einmal«, mein Herz bringst du nicht zum Erkalten, dafür ist viel zu viel Wärme drin, welche die Freude, dass ich noch amtieren darf, reichlich aufgespeichert hat.« Als wäre sie wieder ein junges Mädchen geworden, dem eben das heilige Öl die Stirn' berührt, so rief die Alte mit Eifer die Leut' zum Gebet und Opfer herbei, und ich freute mich von Herzen der neuen Nachbarschaft.

Hatte die alte Glocke den Engel des Herrn über Berg und Tal gerufen, dann zitterte noch lange ihre Stimme nach, es war mir, als wollte sie in den dämmerigen Dezemberabend hinein, wo alles tiefe Stille umfing, noch etwas aus ihrem langen, langen Leben plaudern. Da ließ ich mal eines Abends meine Neugier laufen und fragte die Jungfer Glocke nach dem Tag, der ihr das schwerste Leid gebracht hätte.

Zu meiner Verwunderung gab es kein langes Nachsinnen wie bei einem, der sein Gewissen erforschen soll und seit einem Jahr nicht mehr im Beichtstuhl war. Jungfrau Glocke hatte in paar hundert Jahren herumzustöbern und war doch gleich am Erzählen von ihrem schwärzesten Tag.

*

»Es sind noch keine zehn Jahre her«, begann die Alte mit einem tiefen Seufzer, »da führte die Sonne einen Tag herauf, den sie besser in der tiefsten Unterwelt hätt' lassen sollen. Ich muss sagen, ich war in den letzten Jahren etwas unruhig und aufgeregt geworden. Alle Naslang rannten die Buben an die Seile und ließen meiner und meiner Schwester Stimme über die Häuser und Felder erschallen, dass man meinen musste, es sei lauter Freud und Frömmigkeit in der Welt. Nicht zum Dienst des Dreieinigen riefen wir, sondern wir sollten die Schlachtensiege preisen, die in dem schrecklichen Weltenmorden erfochten wurden. Ich kann's nicht verhehlen und man mag uns als alte dumme Tanten schelten, diese Läuterei ging uns gegen den Strich. Mein Gott, wenn wir von unten herauf in unsere Himmelstube die Dörfler erzählen hörten, was da alles sollte erobert und gewonnen worden sein, dann brummten wir aus unserem Stuhl herunter: Ihr kleinen Menschen mit den Maulwurfsmanieren, die ihr nicht weiter sehen wollt, als eure Nase reicht, denkt doch daran, was das Ungeheuer Krieg alles zu Grunde richtet und in den Boden stampft.«

Es ging wie ein Würgen durch die alte Glocke, als schnürte ihr noch heute der Unmut die Kehle zu. Sie schwieg und ließ mich in Nachdenken über die schrecklichen Kriegsjahre von 1914 bis 1918 versinken. Waren wir nicht blind gewesen und hatten wir den Lindwurm Krieg nicht mit ganz verkehrten Augen angesehen? Der zählte ohne Zweifel zu den Wölfen in Schafskleidern, die wir nicht durchschauen wollten. Doch ich musste von dem bösesten Tag der alten Glocke hören, ich riss mich aus dem quälenden Nachsinnen heraus und gab der ehrwürdigen Alten einen leisen Stoß, dass sie weiter berichte.

Ein weher Klang sprang über die nahe Kirchhofsmauer die Gräberreihen entlang. Und die alte Jungfer brummte weiter: »Am Kirchhof habt ihr mir hier auf der Höh mein letztes Plätzchen angewiesen. Das passt in meine Stimmung wie die Holzklapper in die Karwoche. Die trübe Einsamkeit der letzten Jahre steckt in meinem Erz wie die hartnäckigste Gicht in den Knochen eines alten Schiffers. Schlag' eine Bomb' in eine rostige Gießkann'! Fast komme ich auf meinen alten Tag ans Fluchen, wenn ich daran denke, wie eines Tages der Dorfschmied mit paar Bauern in den Turm gestiegen kam und sie sich an meiner jüngeren Schwester zu schaffen machten. Was gab's da für eine Arbeit? Beim Dreieinigen! Das war bald heraus! Muss die auch noch in den Krieg? polterte einer. Jetzt wird es für uns übel ausgehen, so prophezeite ein Zweiter. Es ist heiliges Gut! sprach feierlich wie ein Priester der Dritte. Weh, weh! Die jüngere Glocke und ich kamen in

Schwung und wir schrien unser Leid in die Berge und Täler hinein. Paar alte Frauen unten in den Dorfgassen bekreuzten sich. Mit Recht. War nicht der Teufel daran, eine Gottgeweihte in seinen Dienst zu schleppen? Der Teufel Krieg? Weh, weh! Wir ließen unsere ehernen Stimmen erschallen, die schon so oft die bösen Geister vertrieben hatten, und glaubten, unser Herz müsse zerspringen. Aber diesmal wichen die Geister der Unterwelt nicht. Meine Schwester, die viel stärker war als ich und deshalb in den Krieg musste, verwimmerte ihren letzten Ton. Kein Wort vom Wiedersehen! Wir hatten ja den Schmied davon reden hören, wie sie bald den heiligen Leib zerschlagen und – o Jammer ohne Ende – ihn in Kanonen umgießen würden. Ich war wie von Sinnen. Was nützte mein Jammern und Wehklagen! Die Schwester musste fort. Als sie diese den Turm hinunterließen, stieß mich das arme, dem Tod geweihte Geschöpf in die Seite und für eine Weile klangen wir nochmal zusammen, das letzte Mal! Frag' mich nicht, was unsere letzten Worte waren. Die sind in dem Meer eines solchen Abschiedswehes jämmerlich ertrunken. Andern Mittags fuhren sie die vom Gewaltherrscher Krieg zum Tod Verurteilte zur Bahn. War das eine Fahrt ins Unglück! Dass der Küster nicht das alte Bahrtuch nahm und über die Glocke hing! Diesem bösen Tag folgte ein wüster Traum. Ich sah das grausige Schicksal meiner fortgeführten Schwester und erlebte ihren bitteren Tod soll es dann einen da noch wundern, dass bei solchen Freveln der Wüterich Krieg die Völker so zerschlug, dass sie elend zusammensanken, die einen mehr, die anderen weniger. Jeder bekam seinen Teil und hatte wahrlich genug daran zu würgen. Gott lässt seiner nicht spotten; das habe ich in meinem langen Leben mehr denn tausendmal erfahren.«

*

Die gesprächige Alte hielt inne. Ein ganzes Völklein von Gedanken hatte sie mir in die Seele geschickt. Mit dem hieß es sich auseinandersetzen. Unwillkürlich streifte meine Hand die ehrwürdige Gottesmagd, als nähme ich Abschied von einem beseelten Wesen. Am anderen Abend wollte ich wiederkommen, denn sie schien ihr letztes Wort noch nicht gesagt zu haben. Die Alte hatte wohl einen Wunsch; denn beim Scheiden drängt sich meist Anliegen an Anliegen. Sie sollte schon in ihrer Redseligkeit damit herausrücken.

Mit gewohnter Herzlichkeit kündete sie die Botschaft vom Engel des Herrn. Ich faltete die Hände und ging nach Nazareth und Bethlehem und war kaum zurück, da war die alte Glocke wieder am Brummen: »Wie oft habe ich durch die Schalllöcher geblinzelt und mir das Leben und Treiben unten bisschen angeschaut. Was hat die Welt in den über vierhundert Jahren viele Wandlungen durchgemacht! Nicht bloß von der Öllampe bis zum elektrischen Licht, von der ehrsamen Tracht der Vorfahren zur windigen Mode der Jetztzeit, von der Postkutsche bis zu den Wagen ohne Dampf und Pferd; da soll die Menschheit nicht auch mal dem Raufbold und Leuteschinder Krieg den Laufpass geben? Soll sie stecken bleiben in dem Schlamm, der längst weggekehrt sein müsste, und soll sich nicht vermählen mit dem schönsten Himmelskind, dem Frieden? Mein Denken zwischen Himmel und Erde ist nicht so staubbeschwert wie das der Menschenkinder. Drum äußere ich auch frank und frei einen heißen Wunsch, dessen Erfüllung ich zuversichtlich erhoffe: dass ich dem Menschenmörder Krieg noch darf über sein Grab läuten.«

Mit diesem Begehr verhauchte die alte Glocke auf unserer lichten Höhe ihren letzten Ton. Noch kannten wir nicht ihren neuen Wirkungskreis, aber wir wünschen ihr von Herzen, dass ihr Wunsch dort in nicht zu ferner Zeit Erfüllung fände.

Im Winter
Josefine Wittenbecher

amals, ja, da waren die Winter viel kälter als heute, und sie dauerten länger. Sie fingen zur rechten Zeit an, und sie waren zur rechten Zeit beendet, damals, als alles noch seine Ordnung hatte. Damals lag auch der Schnee viel höher als heute. Heutzutage kann es geschehen, dass ein Kind vom Christkind einen schönen Schlitten geschenkt bekommt, und wenn der Winter oder das, was man so nennt vorbei ist, hatte das Kind noch keine Gelegenheit gehabt, den Schlitten auszuprobieren, weil das bisschen Schnee nicht der Rede wert gewesen war. Möglich, daß der Schnee zu meiner Kinderzeit auch gar nicht so hoch gelegen hat, wie ich das heute in der Erinnerung meine. Wenn man kleiner ist und der Erde noch näher, ist das Verhältnis hoch zu niedrig anders, als wenn man erwachsen ist und von der Erdschicht schon weiter weggewachsen.

Für uns Kinder wurde vom Schreiner oder von sonst jemand, der Geschick dazu hatte, ein Schlitten geschreinert. Zuerst wurden aus einem Brett zwei breite Seitenteile geschnitten. Quer darauf wurden Latten genagelt. Vorne wurde ein Rundholz befestigt, daran konnte man ein Seil binden und den Schlitten bequem anfassen. Der Schmied schmiedete die schmalen Eisenkufen unter die Seitenteile. Später, als die Zeiten wie man so sagt besser wurden, konnten sich manche Kinder einen Rodelschlitten leisten. Im Vergleich zu den neuen Rodelschlitten waren die Seitenteile der alten Schlitten sehr niedrig. Heute sausen hohe Rodelschlitten durch wenig Schnee, früher fuhren die niedrigen Schlitten durch hohen Schnee, daß es nur so staubte.

Die Schlittenbahn konnte einen Wiesenhang hinunterführen, sie konnte jedoch auch eine Straße mitten im Dorf sein. Ein Auto auf der Straße war ja eine Seltenheit! Die großen Jungen bauten sich auch Lenkbahnen: Zwei Schlitten wurden durch ein langes Brett verbunden, so daß etwa sechs oder sieben Kinder darauf sitzen konnten. An dem vorderen Schlitten wurde ein Lenkbrett angebracht, das mit Hilfe der Füße und durch Schnüre, die in den Händen gehalten wurden, bewegt werden konnte. Das hollerte und rumste, wenn die Lenkbahn in rasendem Tempo den Hang hinunterkrachte! Da mußte man schon Courage haben, um mitzufahren! Und nur wer die meiste Courage hatte, konnte die Lenkbahn lenken. (Stellt euch mal vor: Als kleines Mädchen habe ich einmal einen solchen Rennschlitten die »Grußgaß« hinuntergelenkt. Ich brachte das Gefährt wirklich heil ins Ziel.)

Wenn abends die kleinen Kinder im Bett lagen, fuhren die halbwüchsigen Jungen und Mädchen oft noch auf der Straße Schlitten.

Die Wiesen am Bach waren jedes Jahr durch das Herbstwasser überschwemmt. (Heute dürfen die Bächlein in Dorfesnähe sich keine Fissematenten mehr erlauben. Man zeigt ihnen, wo's langgeht, geradeaus müssen sie fließen. Wenn sie nicht wollen, werden sie umgeleitet und in Betonrohre gezwungen.)

Sobald es fror, wurden aus den überschwemmten Wiesen große Eisflächen. Auf diesen wunderbaren Eisflächen legten die Kinder große Bahnen an, um zu schlittern. Die großen Kinder und die mutigen Kinder hatten eine lange Bahn, die kleinen und zarten schufen sich eine kleine Bahn. Oft vergnügten sich die Kinder den ganzen Nachmittag lang auf der Eisbahn. Einige Jahre nach dem Krieg gab es die ersten Schlittschuhe im Dorf. Das waren eiserne Kufen, die an die Sohlen der Schuhe geschraubt wurden. Doch ausschließlich Jungens bekamen Schlittschuhe. Es war ja nicht daran zu denken, daß Mädchen hätten Schlittschuh laufen dürfen. »Das ist nichts für Mädchen! Das gehört sich für Mädchen nicht! Aber ich bitte dich, du wirst doch nicht mit den Jungens spielen wollen! Jungen zu Jungen und Mädchen zu Mädchen!« Das kannte man schon. Da gab es keinen Widerspruch. Es war ganz selbstverständlich, dass Jungen höher bewertet waren als Mädchen und ihnen vor allem mehr erlaubt war.

Jungen trugen lange Hosen, Mädchen mußten immer einen Rock tragen, auch im Winter. Hosen zu tragen galt für Mädchen als unschicklich. Wenn sie auch lange Hosen tragen wollten, mußten sie einen Rock drüber anziehen. Wie froh waren wir doch, als die dunkelblauen knubbeligen und übergroßen Trainingshosen in Mode kamen. Damit konnte man sich doch warmhalten. Einige Winter lang trug man »Teufelsmützen«, dunkle Wollmützen mit Streifen, wie sie die Eisschnelläufer heute noch tragen. Gegen kalte Hände hatte man nur gestrickte Handschuhe, keine warmen Thermohandschuhe so wie heute. Anoraks gab's auch noch nicht, wir trugen Wolljacken und Mäntelchen, die meistens aus der abgelegten Wolljacke eines Erwachsenen geschneidert waren. Die Jungen zogen hohe Schuhe an, in deren Sohlen meistens Nägel geschlagen waren, Nagelschuhe, oft vom Schuster nach Maß gearbeitet, und in die Sohlen der hohen Schuhe durften sie die Schlittschuhe schrauben.

Wie neidisch war ich auf den Josef, der wohl zwei Jahre jünger war als ich, der jedoch im Winter viel mehr Spaß haben konnte als ich, das Mädchen. Einmal, ach einmal nur wollte ich auch wie die Jungen mit weit ausholenden Schritten über das Eis jagen, so frei wie ein Vogel. Doch wenn ich auch Schlittschuhe gehabt hätte, und wenn es mir auch erlaubt gewesen wäre – ich hatte ja keine hohen Schuhe. Nur kleine Mädchen trugen noch hohe Schuhe, Mädchen meines Alters zogen Halbschuhe an. Und die Mutter hat es gemerkt, daß ich den Bruder beschwatzen wollte, und sie schimpfte: »Wage es nicht! Dummes närrisches Ding! Mußt du denn überall deine Nase dabei haben! Und komm nur ja nicht nach Hause und die Schuhe sind kaputt!«

Doch einmal konnte ich den Josef überreden, mir die Schlittschuhe zu borgen.

Als ich mittags abgespült, die Küche saubergemacht und selbstverständlich die Hausaufgaben gemacht hatte – der Josef vergnügte sich schon lange auf dem Eis – ging ich zu ihm, er übergab mir die Schlittschuhe, ich schraubte sie in die dünnen Söhlchen meiner Halbschuhe. Nun meinte ich, jetzt könnte ich auch so frei und unbeschwert wie die Jungen über das Eis flitzen. Doch was für ein kläglicher Gewackel mit den leichten Schühchen! Nichts von dem sportlichen Dahinjagen! Mehr als einmal schlug ich auf dem Eis auf, tat mir weh und rappelte mich mit wackligen Füßen wieder auf, und dazu wurde ich noch gründlich ausgelacht. Abends hatte ich Frostbeulen an den Füßen, und das tat weh. Und die Schuhe kaputt! Das war schlimm. Die Schuhe kamen zum Schuster. Ob ich Prügel bezog, weiß ich nicht mehr, es gab oft schon wegen viel geringerer Dummheiten Ohrfeigen.

Aus der Traum vom Schlittschuhlaufen, der war für Mädchen späterer Jahrgänge, doch für mich blieb ja zum Trost das Schlittern und das Schlittenfahren.

Anders als die kleinen Bäche in Dorfesnähe, die ihre Freiheit verloren haben, haben die Mädchen ihre im Laufe der Jahre gewonnen. Heute wird den Mädchen alles zugestanden, was den Jungen erlaubt ist.

Das wäre nicht wahr? Doch, ihr Mädchen, ihr müßt euch nur selbst auch Erlaubnis geben.

Winter am Totenmaar
Clara Viebig
Auszug aus »Kinder der Eifel«

Annamarei – Annamarei!« Laut gellend tönt der Ruf über die kahlen Höhen. – Schnee, Schnee überall. –

Die Berge haben ein weißes Totenhemd übergezogen, Kraut und Brombeergestrüpp sind darunter verschwunden. Unheimlich wie ein ungeheures schwarzes Loch schimmert der Spiegel des Weinfelder Maares. Die Schneeflocken sind hineingefallen und verzehrt von der dunklen Tiefe – so fallen Tränen der Menschen auf die Erde und versickern im gierigen Grund.

»Annamarei!« –

Der Vater rannte über die Höhe, den treuen Hund am Strick, und schrie nach seinem Kind. Wo war das? – Im Dorf war die

Annemarei nicht mehr gesehen worden seit dem gestrigen Abend. »Se es rum nach Daun gangen, gieht lao nach er kucken«, trösteten die Nachbarn. Nach Daun, ja, das wollte der Alte, darum raste er der Höhe zu; jenseits des Mäusebergs führte der kürzere Fußpfad zur Kreisstadt hinunter. Er keuchte, er schwitzte. Der Schnee war weich und ballte sich ihm unter den Sohlen. Er glitt, er sank ein; – stampfend, ächzend langte er oben an.

Nichts zu sehen! Kein Haus, kein Mensch! Nur das Maar in schweigender Majestät, ein Bild des Todes; an seinem Ufer das Kirchlein.

Der Hund stieß ein Winseln aus und drückte die Nase zu Boden.

»Annamarei!« Steffen Kohlhaas hielt die hohlen Hände an den Mund – noch einmal: – »An-na-ma-rei!« Warum schrie der Alte? Sein Kind war jetzt wohl längst in Daun, und er nur, der Narr, rannte hier auf kahler Höh' und stöberte im Schnee herum. O Gott, die Angst! Es schnürte ihm die Kehle zusammen, es hockte ihm auf der Brust wie ein Alp.

»Jesses Maria!« Der Schäfer rang die Hände ineinander: Hier, hier war die Stelle, wo er gestern mit den Schafen gehalten – hier, war die Annemarei vor ihn getreten – hier war sie zu Boden gesunken, hier hatte sie gejammert und geweint, hier hatte er sie am Arme gepackt und geschlagen, hier hatte sie gestanden wie ein Bild von Stein, als er noch einmal nach ihr zurückgeschaut! Gestern noch grüner Rasen, heute lauter Schnee.

»Stüppes, wat haste?« Der Hund riß am Strick und bellte heftig; er strebte mit Gewalt zur Seite, er zerrte den Herrn vom Wege ab. Nicht hin nach Daun geht's, nein, zur Rechten, immer weiter hinab, dem Kirchlein zu. Willenlos folgt Kohlhaas. Stüppes schnobert am Boden hin, den mageren Hals langgereckt, den Schwanz eingezogen. Mit stierem Blick schreitet der Alte dahin. Nun sind sie am Ufer, nun spült die schwarze Lache des Maares gegen den weißen Schneerand, nun stoßen sie an die niedrige Friedhofsmauer, nun stolpern sie zwischen halbverwehten Kreuzen – der Hund bleibt stehen. Er hebt den Kopf zum Himmel und heult, ein furchtbares, grausiges Heulen; von den Höhen hallt es wider, die grenzenlose Einsamkeit gibt es zurück.

Da – da – der Schäfer streckt die Hände vor. Er tut einen kurzen rauhen Schrei. Auf der verwitterten Schwelle des Kirchleins hockt eine Gestalt in die Türnische gedrückt, den Rock über den Kopf gezogen! ... Wie ein Kind, das sich im Dunkel gefürchtet hat. Neben ihr liegt ein Bündel – alles weiß – die Füße stehen im Schnee, Schnee liegt auf dem Rock – – –

»Annamarei!« Mit zitternden Händen reißt der Vater den Rock herunter – weiß wie Schnee ist das Gesicht der Tochter, seltsam schmal und eingefallen, die Nase spitz. Auf der glatten Mädchenstirn über der Nasenwurzel hat sich eine ängstliche Falte eingegraben, gefrorene Tropfen hängen an den Wangen, aber der Mund ist im Lächeln halb geöffnet. Die schneekalten Hände ruhn im Schoß, fest ineinandergefaltet.

> Da steht ein Baum,
> Dahin leg ich meinen Traum,
> Dahin leg ich meine Sünd.
> Dann schlafe ich mit dem Jesuskind,
> Mit Joseph und Maria rein,
> Ganz sicher ein. Amen!

* * *

Auf den Höhen am Weinfelder Maar hütet der Schäfer Steffen Kohlhaas aus Schalkenmehren noch immer die Schafe. Er ist ein uralter Mann. Ich habe ihn oft gesehen. Wenn die Abendsonne hinter den Mäuseberg sinkt und das Heidekraut purpurn erglüht, dann hebt sich seine Gestalt, wie ein dunkler Schatten, weithin sichtbar ab vom lichtdurchglühten Firmament. Der Hund liegt zu seinen Füßen, um ihn her weidet die Herde. Er steht regungslos, die Hand über die Augen gelegt, und späht den Pfad entlang, der hinunter gen Daun führt. Ein blödes Lachen zieht um seinen verschrumpften Mund: »Jao, ons Annemarei, dat es ze Daun im Hodel – jao – jao!«

Winterstille im Eifelwald

G. Schlitt

(leicht gekürzt)

Es ist zehn Uhr abends. Die Eifelweinacht ist angebrochen. Menschenleer sind die Straßen. Nur hier und da sind noch einige Fenster erleuchtet. Sonst scheint alles schon der Ruhe zu pflegen. Bald haben wir das Häusermeer hinter uns. Sternenklar wölbt sich der mattbläuliche Nachthimmel über uns, an dem unzählige Sterne wie Edelsteine funkeln. Himmel und Erde scheinen an den Horizonten ineinanderzufließen und eins zu sein. Wie eine dunkle bizarre Wand heben sich die umliegenden Höhen gegen die blitzende Sternenkuppel ab. Ringsum steigen schweigende Wälder die Höhen hinauf und schauen mit ihrem Schneeschleier aus wie tiefhängende silbergraue Wolken. Es ist kalt und hartgefroren. Ein eisiger Nordost fegt über die Höhen und hat scheinbar alles Leben erstarren lassen.

Unsere Schritte knirschen im harten, glitzernden Schnee. Leise, ja fast bedächtig nähern wir uns dem nahen Wald. Behutsam und nur leise flüsternd gehen wir in den Wald hinein. Feierliche Stille umgibt uns. Nur ab und zu säuselt's in den Baumkronen und raschelt's im niedrigen Eichengebüsch, wo der Nachtwind an dem dürren Laub schüttelt. Vereinzelt hören wir auch den nächtlichen Ruf der Käuzchen. Etwas weiter entfernt knackt es im Holz. Anscheinend ein Stück Wild auf der Fährte. Immer tiefer kommen wir in den Wald. Vereinzelte Schneeflocken streicheln unsere Wangen. Der Wind hat sie von den Bäumen geschüttelt. Von weither trägt der Wind uns für kurze Augenblicke Glockentöne zu. Woher sie kommen, ist schwer feststellbar.

Dann ist wieder alles still und ruhig. An einer einsamen, windgeschützten Stelle bleiben wir an einer jungen Tanne stehen. Schwer lastet der glitzernde Schnee auf ihren gebeugten Ästen. Schweigend sehen wir zu, wie einer von uns ein Paket Kerzen auspackt, und eine nach der anderen an dem Tannenbäumchen befestigt. Dann zündet er langsam und bedächtig jede einzelne Kerze an, und bald erstrahlt vor uns ein »Weihnachtsbaum«, wie wir ihn bisher schöner nicht gesehen haben. In dem Lichterschein glitzert der Schnee millionenfach in seinen kleinen Eiskristallen. Zauberhaft schön ist der Anblick. Keiner von uns spricht ein Wort, als ob die Kälte uns die Sprache gebannt hätte. Tief ergriffen stehen wir inmitten der einsamen winterstillen Natur und erleben mit warmem Herzen die Eifelweihnacht. Stumm reichen wir einander die Hände, das sagt mehr als alle wohlgemeinten Worte.

Fast unmerklich löst sich auf einmal einer aus der Schar und tritt schweigend an den lichterspendenen Baum. Über sein Gesicht huscht der flackernde Kerzenschein. Er spricht leise, und doch klingen seine Worte für unser Herz laut und feierlich. Er spricht von der Eifelweihnacht, vom Kampf des Lichtes mit den dunklen Gewalten. Er erzählt, wie schon in grauer Vorzeit unsere Vorfahren in der Zeit der zwölf heiligen Nächte, in denen die Sonne wieder zu steigen beginnt und die Erde wieder mit neuem Leben erfüllt, den Sieg des Lichtes, den Sieg des Lebens über den Tod, die Wiedergeburt des Lebens gefeiert haben und so der Beständigkeit im ewigen Stirb und Werde sinnfällig Ausdruck gaben. Jedes seiner Worte senkt sich tief in unser Herz hinein. Schweigend und sinnend stehen wir noch da, als er schon längst seine Worte beendet hat. Herz und Gemüt sind voll, sie suchen nach Befreiung, und dann singen wir gemeinsam aus vollem Herzen das schöne deutsche Weihnachtslied vom ewig grünen Tannenbaum.

Langsam verlischt eine Kerze nach der anderen, bis uns wieder die nächtliche Dunkelheit ganz mit ihrem Sternenglanz umgibt … In uns allen ist etwas vor sich gegangen, was wir im Augenblick nicht in Worte fassen können. Es war so feierlich und doch so natürlich schön, wie wir es bisher noch nicht erlebt haben. Weihnacht draußen im winterstillen Eifelwald.

Aufgeräumt und innerlich reich beschenkt treten wir durch die schneedurchglänzte Einsamkeit den Heimweg an. Es dünkt uns, als ob die Sterne noch klarer und stärker funkeln und die ganze Natur sich dem geheimnisvollen Zauber der heiligen Weihnacht hingegeben habe. Wir müssen uns mit Gewalt in die Wirklichkeit zurückrufen, als wir wieder an den ersten Häusern ankommen …

Fahrt ins Weiße
Franz Gruber

Winter in der Stadt ist kein richtiger Winter, denn der Schnee verwandelt sich dort schnell in schmutziggrauen Brei, der Frösteln, Niesen und Schimpfen hervorruft. Erst sind es ein paar lange schwarze Striche, die ein frühes Fahrzeug in die über Nacht schneebedeckte Straße rillt. Dann kommen ihrer mehr und radieren mit ihrem Gummireifen fleißig schwarze Striche in die weiße Fläche, bis das so wunderlich entstandene Bild ganz wegradiert ist und nur jene schmutziggraue Brühe, die nasse Füße und Unlust macht, übrigbleibt. »Brr, was ein Wetter!« klagen dann manche Leute und bleiben je mehr, desto lieber zu Haus. »Endlich mal wieder Schnee!« loben andere und streben hinaus, dorthin, wo der Winter sein unverfälschtes Wesen zeigt. Ich hielt es mit den letztern, und obwohl ich kein richtiger Wintersportler bin, machte ich mit.

Außer dem herzhaften Entschluss gehört nämlich gar nicht viel dazu, und hat man es nicht gerade auf besonderen Sport abgesehen, genügen schon eine warme Jacke, dicke Handschuhe und kräftige Treter. Es bedarf auch keiner tagelangen Anfahrt. Wald und Berge, wenn auch nur von mäßiger Höhe, sind schnell erreicht. Vorzuziehen ist Nadelholzwald, der eine passende Grundlage für reizende Schneeplastiken bildet. Tannen und Fichten mit ihren gespreizten Zweigen fangen und halten den Schnee am besten, stehen keck da wie tapsige Jünglinge, die der Erde trotzen und den Himmel stürmen möchten.

An irgendeinem kleinen Bahnhof stiegen wir aus. Hinter einer schneeverhangenen Hecke standen ein paar dürre Pappeln, die wie riesige Nikolausruten aussahen. Der Anmarsch ging zwischen Feldern dahin. Krähen flogen träge durch die dicke graue Luft, ließen sich bei den Kohlstümpfen nieder, stolzierten gravitätisch hin und her oder rauften miteinander um verfaulte Brocken. Ihr krächzendes Geschrei gellte in die Stille.

Allmählich wand sich der Weg einen Berg hinan. Im mühsameren Weiterschreiten verwandelte sich unser warmer Atem vor dem Munde in Nebelsträhnen. Die ersten Bäume tauchten auf. Man konnte ihnen in ihrer winterlichen Dürre bis auf die Knochen sehen wie bei einer Röntgenaufnahme. Ich richtete den Blick zur Höhe und fühlte, wie eine sanfte Nässe meine Nasenspitze berührte. Neuer Schnee fiel und machte die weiße Decke noch dichter, füllte entstandene Löcher wieder aus. Bald konnten wir im tollen Wirbel des Schneeflockenspiels keine paar Meter weit mehr sehen. Von einem Bauerngehöft kamen Kinder mit einem Rodelschlitten und trudelten damit den Abhang hinab. Zunächst mussten auch wir wieder hinunter durch eine Talmulde und durch Wald. Einen am Wege fließenden Bach, in Eis und Schnee verborgen, bemerkten wir erst durch ein leises Glucksen. Als der Schneefall einen Augenblick die Sicht freigab, hing es wie ein weißgetupfter Schleier auf grünem Grunde am jenseitigen Bergabhang.

Dann waren wir mitten im Wald. Die schneebehangenen Tannen sahen wie Spukgestalten aus. Tiefe Stille ringsum, in die einzig das leise Knirschen unserer Schritte im Schnee drang. Wir blieben stehen, in Betrachtung versunken: Schweigen im Walde, unheimliches winterliches Schweigen, wogegen dasjenige des Sommers uns jetzt fast wie ohrenbetäubender Lärm schien. Ein Häschen, das in unserer Nähe vorüberhüpfte, brachte uns wieder in Bewegung.

Nun ging es weiter aufwärts. Der Schneefall hatte nachgelassen. Ein schmaler Lichtspalt schob die Wolken auseinander. Die Sonne drang nach und ruhte mit mildem Glanz für den Rest des

Tages auf der Landschaft. Schräg unter uns sahen wir die Herberge, die wir vor Dunkelheit erreichen wollten. Ehe wird dort anlangten, erlebten wir noch das prächtige Schauspiel eines winterlichen Sonnenuntergangs: Die sanfte Wellenlinie des hügeligen Geländes glitt hinab in die Weite, weiße Ebene. In der Ferne hinter dem Umriss der Stadt verdämmerte langsam das Abendrot und zog, bevor es ganz verlosch, feurige Bänder mit in die Tiefe. Der Horizont erstrahlte im Zauberglanz unbeschreiblich schöner Farben.

In der Herberge umfing uns wohlige Häuslichkeit. Der Duft von gebratenen Kartoffeln und siedendem Tee drang uns in die Nase. Eine Zeitlang wurde kaum ein Wort gesprochen; wir starrten durch den Spalt einer etwas geöffneten Ofentür den lustig züngelnden Flammen zu oder horchten dem leisen Singen eines Wasserkessels, so sehr waren wir von den Eindrücken des Tages hingenommen.

Doch ein nicht weniger schönes und seltenes Erlebnis brachte uns ein späterer Tag: Raureif! Wer ihn einmal in seiner ganzen Prachtentfaltung sah, wird dies Bild sicherlich zu den unvergesslichen seines Lebens zählen. Die Nacht hatte ihr Werk vollbracht. Unter den ersten Sonnenstrahlen wurden die Bäume lebendig. Es funkelte und blitzte in allen Zweigen, als sei ein großes Brillantfeuerwerk entfacht worden. Der Wald befand sich im Raureiftaumel. Vielleicht auch wollte die Natur nach einer Reihe von trüben Tagen Lichtorgien feiern – wer kann es wissen, niemand kennt ihre geheimsten Gedanken. Raureif! Ein einziger Tag damit gesegnet, wiegt eine lange trübselige Zeit auf.

Es ist, wie gesagt, nicht gerade schwer, solches oder ähnliches zu erleben, wenn man ein bisschen Glück hat und vor allem den herzhaften Entschluss fasst, auch einmal im Winter der Stadt für ein paar Tage den Rücken zuzuwenden.

Der Christmarkt
(Anonymus)

»Ihr lieben Kinder kommt heran,
Seht euch die schönen Sachen an!
Da ist ein Reiter,
Der kann nicht weiter,
Ein Fuhrmann mit dem Wagen,
Der sich lässt tragen;
Ein Jäger, der zielt unverdrossen
Und hat doch nie etwas geschossen.
Nur Kaspar Mops der kleine,
Der hat Hände und Beine,
Womit er laufen und zappeln kann.
Seh'n könnt ihr Alles, nur greift nichts an!«
So sahen die Kinder den Christmarkt dort,
Und gingen dann fröhlich zur Schule fort.

Christkindelein, komm doch zu uns herein
Volksgut

Christkindelein, Christkindelein,
komm doch zu uns herein.
Wir haben ein Heubündele
und auch ein Gläsele Wein.
Das Bündele
fürs Esele,
fürs Kindele
das Gläsele,
und beten können wir auch.

Sankt Nikolaus
Heinrich Ruland

Bald wird er kommen, o gib einmal acht!
Schon leuchtet ein Sternlein, und bald ist es Nacht.
Es klappert die Türe; vielleicht tut's der Wind.
Nur nicht so bange, mein liebes Kind!

Und wenn es St. Nikolaus selber wäre?
Die bösen Kinder nur holt er sich her.
Für die langt er heimlich die Rute hervor,
und wer kein Gebet weiß, den zupft er am Ohr.

Nur nicht so ängstlich, mein Hänschen, nur Mut!
Zu braven Kindern ist lieb er und gut.
Für sie nur trägt er huckepack
die schönsten Dinge im großen Sack.

Ein Schäfchen, ein Pferdchen und noch vieles mehr.
Ein rotes Äpfelchen wär dein Begehr?
Er fragt mein Bübchen: was möchtest denn du?
Und Schokolade, die gibt er noch zu.
Er kommt fernher, ganz weit, oh, so weit!
Ich glaube, da ist jetzt schon alles verschneit.
Ein Engelein führt ihn durchs fremde Land,
das hält St. Nikolaus fest an der Hand.

Was ist das? Das ist nicht des Windes Weh'n.
Wahrhaftig, ich höre das Pförtchen gehn.
Schnell her, schnell her und bete auch fein!
Da läutet das Glöckchen –: »St. Nikolaus, herein!«

Christkind
Robert Reinick

Die Nacht vor dem heiligen Abend
Da liegen die Kinder im Traum,
Sie träumen von schönen Sachen
Und von dem Weihnachtsbaum.

Und während sie schlafen und träumen,
Wird es am Himmel klar,
Und durch den Himmel fliegen
Drei Engel wunderbar.

Sie tragen ein holdes Kindlein,
Das ist der heil'ge Christ,
Es ist so fromm und freundlich,
Wie keins auf Erden ist.

Und wie es durch den Himmel
Sill über die Häuser fliegt,
Schaut es in jedes Bettchen,
Wo nur ein Kindlein liegt.

Und freut sich über alle,
Die fromm und freundlich sind,
Denn solche liebt von Herzen
Das liebe Himmelskind;

Wird sie auch reich bedenken
Mit Lust auf's Allerbest,
Und wird sie schön beschenken
Zum morgenden Weihnachtsfest.

Heut' schlafen noch die Kinder
Und seh'n es nur im Traum,
Doch morgen tanzen und springen
Sie um den Weihnachtsbaum.

Eifeler Kinderweihnacht

G. Hilgers

Den Vorkriegswinter des Jahres 1938 verbrachte ich in einer großen rheinischen Stadt. Zum ersten Male erlebte ich damals die Großstadtweihnacht. Mit dem Advent begann in den Geschäftsstraßen ein wahrer Weihnachtsrummel. Überladene Schaufenster boten dem Käufer alles Erdenkliche zum Fest. Mit Tannengrün, Weihnachtsmännern, Glockengeläuten und Engelsgebilden protzte es überall vor »Weihnacht«. Gewiss, es lag ein gewisser Zauber des Vorfestes über allem. Das Glitzern und Gleißen verlockte zu manchem Weihnachtskauf, und bald gab es die festlich verschnürten Päckchen im Koffer für die Lieben daheim.

Am Nikolaustag stiegen dann der hl. Mann oder sein Knecht Ruprecht so manche Stiege zu den Stockwerken empor, um auf Bestellung einen Besuch bei den Stadtkindern zu machen. Sie trugen die Perücken, Bärte und Mäntel, die ich im großen Kaufhaus als Angebot liegen sah.

Mit dem Herannahen des Weihnachtsfestes wuchs der Verkehr in den Straßen der Stadt. Überfüllte Geschäfte ließen zu eilige Käufe entstehen; man hetzte und sorgte, und eine Woche vor dem Fest stand auf jedem Balkon schon eine Weihnachtstanne und wartete ihres Einsatzes am hl. Abend. »Diese Bäumchen stammen wohl aus unseren Eifelwäldern«, dachte ich, als ich mich, müde von der Hetze des Stadtgetriebes, in mein Zimmer zurückgezogen hatte. Sehnsüchtig wünschte ich mir die weihnachtliche Stille meiner Eifelheimat. Wie schienen mir da unsere Eifelkinder so reich in diesen Tagen der Weihnachtszeit! Wie erleben und durchleben sie den Jahreslauf mit den darin als Höhepunkte befindlichen Festtagen!

Kaum war in meiner Kindheit die Martinskirmes mit dem vorangegangenen Martinsfeuer vorbei, dann fragte man an den stürmischen Novemberabenden schüchtern nach dem hl. Nikolaus; es musste doch bald an der Zeit sein, dass die ersten Haselnüsse des Morgens auf dem Fensterbrett lagen! O nein, man hatte noch zu früh gefragt, die Namenstage der Elisabeth und Katharina waren noch nicht vorüber. Doch eines Tages war es soweit. Am Abend wurde der schönste Küchenteller aufgestellt, und als am Morgen die Gardinen aufgezogen wurden, hatte Nikolaus wirklich etwas daraufgelegt. Na ja, man hatte ja auch so fünf bis zehn Vaterunser vor dem Schlafengehen hergesagt, das half doch sicher!

Um diese kleinen Nikolausgaben hatte es seinen besonderen Reiz. Wer erkannte schon Vaters Nüsse wieder, die er Ende September vom Haselstrauch holte und sie auf dem Speicher aufbewahrte? Der Kern war schon ein wenig eingeschrumpft, die Schale unansehnlich geworden, aber was tat das? Sie kamen für uns aus dem Himmel, der Nikolaus hatte sie angefasst, und wer genau hinsah, fand sicher noch eine Spur von Gold oder Silber daran. Und so etwas wurde nicht gleich aufgegessen! Erst wurde allen in der Familie diese Himmelsgabe gezeigt, und jeder wusste daraufhin etwas Neues von der Wundertätigkeit des hl. Nikolaus zu erzählen. Die Phantasie des Kindes verwob all das Gehörte zu einem wunderlichen Gewebe, der Weihnachtswelt der Kinderseele. Die Weihnachtszeit des Eifelkindes hatte angefangen, und Wunder auf Wunder erlebte von nun an das kleine Gemüt.

Die Tage wurden kürzer, und Ende November kam gewöhnlich der erste Schnee. Am Nachmittag war man draußen auf der Schlittenbahn. Doch früh begann es zu dämmern und das kleine Volk blickte furchtsam. Drüben war die Heckengruppe, in der die Nebel stiegen. Da, es hatte jemand dort etwas huschen sehen, das war ganz sicher der Nikolaus! Ja, Mutter hatte auch gesagt, dass Nikolaus schon Ruten schneidet und draußen nach den Kindern sieht! Wie war das nun noch, am frühen Nachmittag hatten wir doch gezankt? Mit schlechtem Gewissen verzogen wir uns friedlich nach Hause, während die großen Rowdis noch lärmend darauf los rodelten. Auch daheim war man gemäßigter als sonst; denn St. Nikolaus flog zur abendlichen Stunde an den Fenstern vorbei und lauschte. Vor dem Schlafengehen betete man zu seinen

Ehren mit den Geschwistern einige Vaterunser, und im Bett wurde dann noch an den Rosenkränzen »gearbeitet«! Es war erstaunlich, wie viele man so im Stillen davon beten konnte; jeder hortete davon eine Vielzahl, die sich unaufhörlich, Abend für Abend auf seinem Konto anhäuften! Jeden zweiten Abend wurde ein Schuh oder Teller aufgestellt (das täglich zu wiederholen, wäre zu vermessen gewesen), und Nikolaus wechselte weise ab mit Nüssen, Äpfeln oder Gebäck, und einmal war sogar eine Rute dabei. Aber die hat mir lange im kleinen Herzen gebrannt!

Endlich kam der Nikolaustag. Seit der Nacht fiel Schnee, und da das Schneien kein Ende nahm, hatten wir Bedenken, St. Nikolaus könne mit seinem hochbepackten Eselswagen nicht durch. Als es dann endlich an der Zeit war, hatte Vater einen Lichtstreifen drüben am Wald gesehen, wo der Heilige seine Himmelsleiter stehen hatte, und er ging nach draußen, um dem alten Mann zu helfen. Da klingelte es aber auch schon auf der Dorfstraße, unser Beten und Singen schwoll wieder an und herein stapfte der gefürchtete, gute, alte Nikolaus. Der Nikolaus in meiner Kinderzeit hatte nicht diese bischofsähnliche Kleidung wie er sie in unseren Tagen trägt. Ich erinnere mich an den Nikolaus unseres Eifeldörfchens im Jahre 1924, der eine Bischofsmütze aus Zeitungspapier trug, und um die Schultern einen abgedankten Mantel gelegt hatte. Doch das nahm ihm nichts von dem Glanz, mit dem unsere Phantasie ihn umgeben hatte.

Es war gut, in jenen Tagen kein Bube zu sein, die wurden doch sehr viel rauher angefasst als wir Mädchen, und sehr oft kam der entsetzliche »Hans Muff«, dieses strohumwickelte Ungeheuer, angestürzt. Wenn nicht ein kräftiger Bursche aus dem Ort ihn so fest an der Kette gehalten hätte, ganz sicher wäre von diesem Höllenbewohner einer der Buben ins ewige Feuer befördert worden. Doch die Eltern versicherten dem guten Heiligen, dass die Kinder sich gewiss bessern würden, und manchmal gab es ja auch etwas zu loben. St. Nikolaus ermahnte, ließ sich Gebete oder ein Verslein sagen, und dann reichte er jedem einen mit Obst und Gebäck gefüllten Teller, der nebenbei noch mit einem Paar warmer Socken oder Fäustlingen versehen war. Nachdem wir dem dann Scheidenden zum Dank noch eine Weile nachgebetet oder -gesungen hatten, wagten wir erst unsere Teller zu bewundern. Was war das eine Freude. Nein, alle die herrlichen Sachen! Die konnten nur aus dem Himmel sein, und das meinte auch der heimkehrende Vater, der dem Nikolaus noch bis zum Nachbarn geholfen hatte, denn der Esel vor seinem Wagen lahmte. Glücklich und erregt lagen wir später in unseren warmen Betten; jeder hatte etwas anderes gesehen oder wahrgenommen beim Besuch des Himmelsbewohners. Das Be- und Verwundern nahm kein Ende. Dann platzte noch einer der kleinen Brüder damit heraus, er habe vorher keinen einzigen Rosenkranz gebetet, und doch hätte St. Nikolaus einen vollen Teller beschert und gar nichts dazu gesagt! Nein, so ein Frevler! Das hatte der hl. Mann sicher wegen der vielen Arbeit übersehen. Und draußen vermeinten wir noch die Klingel des Eselsgefährtes zu hören, das mit dem guten Heiligen die Landstraße entlang zum Nachbarort fuhr.

Es dauerte dann so eine gute Woche und das Bild vom Nikolaus verblasste langsam, um das vom Christkind immer deutlicher werden zu lassen. Im einzigen Laden hatte es einige Püppchen und für die Buben Wägelchen mit Pferden hingestellt. Wir drückten unsere Nasen platt an den Scheiben, die diese Herrlichkeiten bargen! Unsere Wünsche waren begrenzt mit dem, was sich uns hinter diesem Fenster bot. Vorerst legte das Christkind jeden zweiten Abend, genau wie St. Nikolaus, seine kleine Gabe aufs Fensterbrett, von wo es auch den Wunschzettel mitnahm. Am Tage vor Weihnachten suchte der Vater im Wald eine passende Weihnachtstanne, die das Christkind abends aus dem Schuppen in den Himmel holte, wo die Engel sie schmückten.

Zwei junge Mädchen aus dem Dorf sorgten am hl. Abend dafür, dass das Christkind zu einem jeden Dorfkind in die Stube trat. Ganz in Weiß gekleidet, tiefverschleiert, ein goldenes Krönchen auf dem Haupt, kam es gemessen mit einem flügeltragenden Engel ins Zimmer geschritten. Mit einer wahrhaft himmlischen Stimme sagte es allen einen guten Abend, streckte uns seine in weißen

Handschuhen steckende Hand entgegen, um uns hinüber in die gute Stube zum brennenden Lichterbaum zu geleiten, unter dem gefüllte Teller auf uns warteten. Christkindleins zarte Himmelsgestalt wirkte sehr beruhigend, wenn wir uns den gestrengen Nikolaus dagegen vorstellten. Sehr gütig klangen seine Ermahnungen und so lieb alle die guten Worte. Christkind und Engel verließen still die Stube, und ihre Glöckchen klangen, leiser werdend, von der Straße her.

In der weihnachtlichen Stube war für uns Kinder der Abglanz der Himmlischen geblieben. Der Weihnachtsbaum trug den gleichen Schmuck wie jedes Jahr, und doch erschien er uns wieder in neuem, nicht mehr vorstellbarem Glanz. Die hohe Stunde war nun da, der so viele, erwartungsvolle Wochen der Vorweihnacht vorangegangen waren. Nur ein gläubiges Kinderherz vermag das ganz zu erleben und auszukosten. – So innig und ruhig verlief unsere Kindheitsweihnacht im Hocheifeldorf.

Auch heute noch macht in unserem Dorf am Weihnachtsabend das Christkind mit einem Engel Besuch bei den Kindern, und auch der Nikolaus ist bei meinen Kleinen die gleiche Respektsperson, die sie in meiner Jugend war, nur sind die Wünsche der Kinder im Zeichen des Wirtschaftswunders sehr verschieden von den unseren damals. Aber wenn der Nikolaus im Türbogen erscheint oder das Christkind draußen klingelt, dann ist es doch wie damals: denn sie steigen von der Leiter am nahen Wald und müssen noch zu den vielen Kindern in den anderen Dörfern.

Bauernweisheit

Im Februar müssen die Stürme fackeln,
Dass den Ochsen die Hörner wackeln.

Der Zwerge Silvester
Ein Heimatmärchen
Josef Schmelzer

Es war einmal in der Silvesternacht, nur noch eine ganz kleine Weile vor der Jahreswende. Die Schutzhütte unter der uralten Hunsrücklinde hoch über dem Moseltal war im Nachtdunkel kaum zu erkennen. In der Hütte aber flimmerte ein unwirkliches, zauberhaftes Leuchten. Das kam von den wundersamen Karfunkelsteinen, die zwei Zwerge über der Stirn an ihrer Kapuze trugen. Die beiden Zwerge saßen eng aneinander geduckt wie in tiefes Sinnen oder Träumen verloren. Wenn sie sich bewegten oder ganz tief atmeten, leuchtete der magische Schein heller durch die Hütte.

Mit einem Mal schraken die Zwerge auf, in gleichem Augenblick funkelten die Karfunkelsteine drohend zum Eingang der Hütte hin, und in ihrem warnenden Funkeln stand eine Tannenjungfrau in schneeweißem Gewande vor der Hütte. Ohne sich vor dem gefährlichen Funkeln zu bangen, lächelte sie mit gewinnender Anmut: zu den Zwergen hinüber. »Was störst du uns so jäh zu nachtschlafender Zeit?«, erboste sich dennoch Zwerg Huckelbuck. »Meine sechs Tannenschwestern und ich möchten mit euch Silvester feiern«, bat sie mit glöckchenheller Stimme. Der seltsame Wunsch verwunderte die Zwerge nicht wenig. Huckelbuck schaute seinen Bruder Zwerg Hockelbock ungläubig an, ob er recht gehört habe. Der nickte ihm indes vieldeutig zu.

»Wir sind es gewohnt, die erste Stunde jeden Jahres festlich zu feiern, bald hier, bald dort, und möchten auch dieses Mal die Freude nicht missen«, fuhr die Tannenjungfer unbeirrt freundlich fort, als sie die bedenklichen Mienen der Zwerge sah. »Wenn wir aber bei euch nicht an der rechten Türe sind und wenn ihr zu arm sein solltet ...« Da reckten sich die putzigen Zwerge stolz zu ihrer ganzen kleinen Größe auf. »Wir Zwerge zu arm!!«, lachten sie belustigt auf. »Seid nur zur Stelle, so die Glocke drunten vom Kastorturm Zwölfe schlägt! Ihr sollt von uns nicht um eine rechte Silvesterfeier betrogen sein! Aber sputet euch! Wir Männer sind pünktlich und warten nicht gern!« Das Tannenfräulein machte zum Dank einen besonders tiefen Knicks, lächelte und entschwebte so lautlos wie auf den Schwingen des Nachtkauzes. Als es gleich darauf vom Kastorturm Zwölfe schlug, standen sieben Tannenjungfern vor der Hütte, alle gleich schneeweiß gewandet, mit zartgrünen Spitzen und silberlichten Diamanten geziert. Doch ihr Atem stockte, sie verhielten staunend alle sieben und waren wie geblendet. Denn die Schutzhütte wandelte sich vor ihren verwunderten Augen zu einem weiten Feierraum, ein goldenes Tor öffnete sich und lud in die Pracht von glitzerweißen Wänden mit tausend Edelsteinen, kostbaren Behängen, dicken Teppichen, bunten Liegestühlchen, einem elfenbeinernen Tischchen, reizenden Sesselchen und edelsteinfunkelnden kleinen Gedecken auf dem Elfenbeintischchen.

Die Zwerge begrüßten in funkelnagelneuer roter Kutte mit gewichtigem Diener wie hochgeborene Herren die Tannenschwestern. Nach graziösestem Erwidern des Willkommen betraten diese, immer noch befangen, den strahlenden Feierraum.

Indem sie vor all den ungeahnten Herrlichkeiten noch zauderten, lächelten die Zwerge stolz und überlegen, als möchten sie prunken: Nun, sind wir etwa arm? Doch schwiegen sie höflich und baten die Jungfern zu Tisch. Zwerg Huckelbuck, sichtlich der ältere, läutete mit einer zierlichen Kuhschelle, wie sie so niedlich im frühesten Jahre am Conder Hang aufblühen, und gleich stand auf dem »Tischlein-deck-dich!« zarte Hirschzunge, wie das Tal der Wilden Endert sie sprießen läßt, gespickt mit Meerzwiebelchen von der Brauselei und gewürzt mit Mauerpfeffer von der Kniebrech. Dazu bot das Tischlein mit Mohn bestreute knusperige Akazienschoten. Zwischen den würzigen Speisen nippten Zwerge und Tannenfräulein honigsüßen Frühtau aus niedlichen Moosbecherlein. Desgleichen kosteten sie herbes Huflattichgemüse, Pfifferlinge, saftige Steinpilze und zarteste Champignons von den Grenzhäuserhof – Wiesen. Sie probten auch eine Schale mit rubinroten Himbeeren und nachtschwarzen Brombeeren aus

dem Lieger Wald. Doch da konnte die älteste der Tannenjungfern, vorwitzig wie sie war, ihr Zünglein nicht länger zügeln und
fragte, wie denn die Herren Zwerge zu den frischen Gemüsen und
Früchten mitten im dicksten Winter kämen. Da belehrte sie
Zwerg Hockelbock mit wichtigem Flüstern, als ob es ein Geheimnis sei und dürfe nicht verschwätzt werden: Von den Nonnen in
Rosenthal am Pommerbach – drüben auf der Maifeldseite – sei
das alles zu bekommen! Hellauf lachte die Jüngste wie über einen
Scherz: Die Nonnen von Rosenthal seien doch schon seit Jahrhunderten verstorben! Hiergegen lachte Zwerg Huckelbuck sein
silberhelles Lachen, das klang wie Weihnachtsglöckchen am
Lichterbaum: »Verstorben? Das dürften wir Zwerge, die wir als
Kunstschmiede überall gern gesehen sind, denn doch besser wissen! Haben wir sie doch oft genug bis in die jüngsten Tage bedie-
nen dürfen. Freilich nur in der Geisterstunde wirken und werken
sie in Küche und Zelle!«
    »Und den Frühtau, der euch so lecker mundet, werte Tannen-
damen«, deutete Zwerg Hockelbock auf die Moosbecherlein,
»bereiten uns die Freifräulein von Kloster Stuben.« Und mit listi-
gem Augenzwinkern läutete er ein Erlenglöckchen. Der Tisch bot
sogleich kristallene Schüsselchen mit Nachtigallenzungen.
»Diese haben auch die Freifräulein von Stuben uns zugedacht«,
erklärte Zwerg Huckelbuck. »Ihr wundert euch? So will ich es
euch deuten. Da die Nachtigallen am Eulenköpfchen bei Kloster
Stuben immer darauf aus waren, lieblicher zu jubilieren als die
Freifräulein in der Frühmette, wurden die adligen Damen falsch.
Sie ließen die Nachtigallen fangen und bereiteten von ihren
Zünglein ein Ragout. Noch jegliche Mitternachtsstunde sind die
Fräulein von Stuben zu treffen, aber Nachtigallen fangen sie nicht
mehr. Der liebe Gott hat es ihnen selber verboten. Dies sind die
letzten Zünglein, die sie uns von ihrem Vorrat zustellen konnten.«
    Unterdes hatten sich die Tannenjungfrauen und ihre Gastge-
ber ausgiebig gesättigt und ihre Moosbecherlein leer getrunken.
Das Elfenbeintischchen deckte sich im Nu selber ab, und Mariengläschen, die die Menschen Ackerwinde nennen, standen mit

feinster blau-lila Ziselierung vor ihnen. Zwerg Huckelbuck trippelte graziös zu einem reichvergoldeten Wandschränkchen, öffnete es mit einer goldenen Schlüsselblume und wählte einen niedlichen Zierkürbis. Aus ihm schänkte er einen stark duftenden Silvesterpunsch.

Von nun an erstrahlte der Feierraum wechselweise in rubinrotem, azurblauem, safrangoldenem Lichte: feinste Wohlgerüche orientalischer Gewürze entschwebten winzigen glühenden Schalen; zärtlichste Musik schmeichelte dem Ohr: es geigten auf zartklingenden Saiten große Grillen, wilde Hummeln strichen den Brummbass, Unken bliesen mit silbernen Tönen die Flöte; und Elfengesang stritt mit der lieblichen Musik um den Ehrenpreis. Die Tannenjungfern aber schlürften in seligem Wohlbehagen den märchenhaft süßen Silvesterpunsch. In ihre Augen trat ein übermütiges Leuchten, ihre Wangen schimmerten rosig auf, ihre Wurzelfüßchen waren nicht mehr zu halten. Und endlich bat die Älteste aus der Ungeduld der sieben Schwestern: »Einen Silvesterreigen werden die freundlichen Herren uns doch erlauben und mit uns tanzen?« Die beiden Zwerge sogen ein Weilchen nachdenklich an ihren Eichelpfeifchen und schauten sich besorgt an, doch dann nickten sie. Gleich saßen sie alle mit dem Tischlein in einer Nische des Feierraumes, der nun frei war für den Silvesterreigen. Und die Tannenschwestern tanzten einen anmutigen Sternenreihen, einen lieblichen Falterschwinger, einen lebhaften Schwalbenschwung. Und wie sie immer durstiger wurden und immer kecker nippten vom Silvesterpunsch, waren die putzigen Zwerge mitten in ihrer schneeweißen Runde. Um die lichten Kleider wippten die funkelroten Kutten, die Spitzenschleier verstrickten sich in die Kapuzen, und es ward ein immer loserer Silvestertanz mit immer frischem Punsch. Kristallhell lachten die Tannenschwestern, silberhell die Zwerge; beseligend klang die Tanzweise, berauschend schlürfte sich der süße Trunk aus den Mariengläschen. Es wirbelten Tannenjungfern und Zwerge durchund umeinander, in Reihen und Kreisen und Schlingen; es flogen die schneeweißen Kleider, es flatterten die roten Kutten. Und wer weiß, was geworden wäre – da holte die Uhr vom Kastorturm zum Schlage aus: Eins! Der Wirbelreihen fegte zum Goldtore hinaus, die Edelsteinlichter erloschen, der Feierraum schwand dahin. Die Luft war wieder voller Himmelssterne, und es lag viel Schnee im Lande. – –

Als der Förster anderntags zur Linde kam, stand die Hütte wie sonst. Da lächelte er über den Märchenerzähler, der das alles hier oben gesehen haben wollte. Ihr Kinder aber wisst, dass es wirklich so war, wie der Märchenschreiber es euch erzählt hat; denn ihr alle habt es ja nun selber miterlebt.

Weihnachten in meinem Kinderland anno 1917
Luise Schulze-Brück

Mein Kinderland ist die Eifel. Aber nicht die Eifel, die man heute kennt, und die »aufgeschlossen« ist, die von Eisenbahnen allenthalben durchschnitten wird, auf deren Straßen die Autos rattern, an deren Hauptpunkten, den »Perlen und Sehenswürdigkeiten«, sich Hotels aufgetan haben und die zu bereisen zeitgemäß ist.

Ach nein! Die Eifel meiner Kinderzeit wusste von all dem nicht das Geringste. Und wenn man einem alten Eifler hätte erzählen wollen, dass es einmal so werden würde, wie es heute ist, so würde er geglaubt haben, man wolle ihm was vorschwindeln. Ja, man hätte kaum so einen richtigen alten Eifler gefunden. Denn immer, auch mitten in der Eifel, fing sie erst im nächsten Dorf an, – hier war man noch nicht drin!

In tiefster Einsamkeit, in größter Abgeschlossenheit lag damals die Eifel. Keine Eisenbahn führte durch ihre Täler und Wälder, über ihre Hochflächen und weiten Heiden. 1870 war freilich schon die erste Bahn zwischen Euskirchen und Trier gebaut, die aber das Gebirge längst noch nicht aufschloss. Öde, kahl und baumlos waren die weiten Hochflächen, raue Stürme brausten über sie hin, und die Eifelwinter waren furchtbar streng. Neun Monate Winter und drei Monate schlecht Wetter sollte in der Eifel sein.

Das winzige Ackerstädtlein, in dem ich zur Welt kam, lag im fruchtbaren, schönen, waldigen und milden Kylltal. Darum hatte es auch den ehrenden Beinamen: Eifelnizza! Aber wenn der Oktober kam, brausten auch hier die wilden Stürme und boten die Pappeln um das alte Kloster, in dem ich geboren bin, und um das Haus meiner Großeltern, in dem ich meine Kinderzeit verlebte. Und wenn der Oktober da war, fiel der erste Schnee, und es dauerte nicht lange, so war er so hoch, dass, wenn wir morgens zur Schule mussten, erst ein Weg von der Haustür zum Hoftor geschaufelt wurde, und von da bis zur Straßenmitte, wo die Männer, die schon frühauszogen, um einen Weg für die Post zu schaufeln, hergegangen waren. Wir kleinen Dinger tappten dann durch Schneehaufen, die so hoch waren wie wir selber, und unsere Füße in den dicken warmen Strümpfen und festen Schuhen wurden doch eiskalt. In der Schule aber wärmten wir sie dann wieder am gewaltigen Ofen, in dem dicke Buchenklötze brannten.

Im Dezember wurde es eisig kalt. Der Schnee wurde zu Pulver. Oft blitzte des Morgens die ganze Luft von Eiskristallen, und wir froren manchmal schrecklich trotz unserer Mäntel, Pelze und Kapuzen, wenn wir des Morgens fortgingen.

Dann war es noch dämmerig. Die Sterne funkelten am Himmel, und manchmal schien der Mond noch. Denn wir gingen ja so früh zur »Rorate«, zur Lichtermesse. Und das war so schön! Unbewusst fühlte ich den starken Zauber der Romantik, die sich um das von hoher Stadtmauer engumgrenzte Nest wob, wenn ich aus unserem vor der Stadtmauer gelegenen Hause in die Morgendämmerung des Dezember kam. Wundervoll klangen die Glocken von der hohen Kirche, und man musste eilen, damit man zurecht kam zum Eingangslied, das man so gern mitsang, zum uralten Adventslied: »Tauet Himmel den Gerechten, Wolken regnet ihn herab«.

Nach dem Evangelium sangen wir Schulkinder allein unsere sorgfältig eingeübten Lieder, und noch fühle ich die Schauer, die mich durchrieselten, wenn wir in dem Liede: »Wirst du noch lang, o Messias, verweilen, steigst du nicht bald aus den Wolken herab«, zur zweiten Strophe kamen:

> Schäfer der Fluren, habt ihr ihn gesehn,
> Saht ihr ihn nicht, etwa ein himmlisch Gesicht,
> Welches die Strahlen der Gottheit erhöhen,
> Saht ihr den Heiland der Menschen denn nicht?
> Höre, Gottvater, der Flehenden Rufen,
> Und es erscheine bald himmlisches Licht.

Dann schienen alle Lichter heller aufzuflammen, und tröstlich ahnte man, wie durch ihren Schein hindurch, schon die Hirten auf dem Felde und den Stern von Bethlehem und die Engel, die die frohe Botschaft den »Schäfern der Fluren« verkündeten.

So viel frohe Ahnung ging durch diese Adventszeit. Schon am 6. Dezember kam ja der Sankt Nikolaus, den wir zugleich so sehr liebten und fürchteten – liebten der guten Dinge halber, die er brachte, des Honigkuchens und des Spekulatius, der Äpfel und Nüsse willen – und fürchteten, ob seines Begleiters, des wilden »Pelzebock«, der grässlich kettenrasselnd und brummend hinter dem heiligen Mann erschien. Aber Sankt Barbara im weißen Kleid und mit lieblich klingendem Glöckchen tröstete dann wieder.

Und wenn diese drei wie eine sehnlich und doch zaghaft erwartete Erscheinung vorübergegangen waren und nur die Straße hinab noch fern das Klirren der Ketten und das Klingen des Glöckleins klang und wir erleichtert aufatmeten, so war auch dies eine Hoffnung auf das Christkind. Ja, als wir längst wussten, dass der lange Bart des heiligen Mannes aus unserer alten Magd Flachsrocken gemacht war, dass des Pelzebocks Bekleidung die Rehdecke aus Großvaters Stube, die Kette eine höchst prosaische

Kuhkette und das Silberglöcklein St. Barbaras unsere Tischglocke war, da spürten wir doch immer eine gehörige Erschütterung, wenn Nikolaus und Barbara und der Pelzebock auftraten. Und ich weiß nicht, soll ich die Kinder der Neuzeit, die von pädagogischen Eltern sorglich vor ihnen behütet werden, nicht bedauern, dass ihnen so herrliche Erlebnisse fremd bleiben.

Nun begann auch das, was man in der Stadt »Weihnachtstreiben« nennt! Ach, wie oft habe ich mich im Gewühl und Weihnachtstrubel der Großstadt so unendlich gesehnt nach ein wenig von der zitternden begeisterten Ahnung aller Weihnachtsherrlichkeiten, die mich überkam, wenn ich meine Kinderstubbnase platt drücken durfte am Schaufenster eines der drei »Geschäfte«, die die ganze Umgebung meines Städtleins auf Stunden ringsum mit Handelsartikeln jeder erdenklichen Art versorgten.

Da brannten zwei Petroleumlampen und beleuchteten allerhand Spielsachen einfachster Art. Drin im Laden standen aber dicht vermummt die Bauersfrauen und konnten nicht zustande kommen mit der Auswahl unter den mehr als bescheidenen Herrlichkeiten. Ich aber hoffte, dass unser geliebtes Schaukelpferd, unser »Schimmel«, der seit ein paar Tagen verschwunden war, in großer Pracht und Herrlichkeit neu wieder erscheine. Ebenso wie unsere herrliche Küche mit neuen Töpfchen ausgestattet sein würde. Und wenn ich nur die Puppen betrachtete, so fühlte ich schon im voraus die Wonne, dass meine alte Puppe hoffentlich einen neuen Kopf und ein herrliches neues Kleid bekäme!

Ach Gott, dies alles war ja zu schön! Wenn die Post vorbeifuhr mit so fröhlichem Trari-trara, dass es fast sicher war, nun brachte sie die Weihnachtspakete aus der Welt draußen, die so fern war und so voll von halb geahnten Herrlichkeiten! Wenn es im Hause so geheimnisvoll wurde, wenn die Türen vom »guten Zimmer« verschlossen waren und sogar das Schlüsselloch verhängt war. Wenn es so herrlich roch nach Zimt und Honig und Gewürz und dann nach frischem Gebäck!

Und wenn des Abends am Himmel ein feuriges Abendrot stand der Widerschein aus dem Himmel, in dem ja jetzt das »Christkind backte«. All diese Hoffnung, all diese Seligkeit! Es schien uns so lang, so unendlich lang bis Weihnachten, ja als könne es nie kommen. Und dann war doch auf einmal seliger Abend und die letzte Stunde vor der Bescherung.

So still war es an diesem Abend in der Welt. Wir knieten am Fenster und spähten angestrengt in die Dämmerung, denn gleich musste sich ja da oben, wo die Abendröte so feurig brannte, der Himmel öffnen, und auf einem silbernen Strahl musste das Christkind herabkommen, das Christkind, das im Stalle zu Bethlehem gelegen hatte. Zum letzten Mal sangen wir: »Wirst du nicht bald, o Messias, erscheinen«, aber von Herzen waren wir nicht dabei. Denn wenn jetzt gleich die Glocken läuteten, alle, alle Glocken zusammen, dann läuteten sie ja das Christkind an!

Und dann begannen sie zu läuten. In die feierliche erwartungsvolle Stille hinein klangen sie wie eine Riesenorgel, festlich und herrlich. Und wirklich, der Himmel öffnete sich, ganz genau sehen wir das, der silberne Strahl guckt auf die weiße Erde, ein silberner Schein weht vorüber. Das Wunder ist geschehen. Dann musste unser altes Mädchen uns das uralte Weihnachtslied singen: Laßt uns das Kindlein wiegen, und zumal den zweiten Vers, der uns so sehr gefiel:

> Lasst uns ein Feuerlein stochen,
> Dem Kind ein Breilein kochen,
> Tut auch recht viel Zuckerlein dran,
> Dass das Kind es essen kann.

Aber in der letzten Reihe, da klingelte es schon – ganz fein und fern und leise – immer näher. Dann ganz nahe, vor der Tür, und wir stürmen nach der Weihnachtsstube – Ach, so viel Licht, so viel Glanz, so viel Herrlichkeit!

Wie bescheiden war sie ja im Grunde, diese Herrlichkeit. Der gute alte Schimmel war freilich zum Rappen geworden mit prachtvollem feuerroten Sattel und Zaum. Die Puppe hatte einen neuen Kopf und ein neues Kleid. Auch allerhand Nützlichkeiten waren da, und über alles warfen die Christbaumlichter jenen Schein, der

der Verklärungsschein vom Himmel ist. Aber doch, wie rührend bescheiden war dies alles! Doch glücklichere Kinder als wir gab es kaum auf der Erde an solchen Christabenden.

Immer war freilich der Abend viel zu kurz. Wir wurden früh ins Bett gesteckt weil wir auch früh am Christmorgen heraus mussten zur Mette. Es schien uns mitten in der Nacht zu sein, wenn wir geweckt wurden. Aber um keinen Preis hätten wir den Gang zur Mette und diese selber missen mögen. Durch dunkle Nacht ging's den rufenden Glocken, der lichterhellen Kirche entgegen. Ein schwankendes Laternchen zog uns voran. In allen Häusern war Licht, aus allen kamen die schwarzvermummten Menschen mit ihren Laternchen.

Hell war die Kirche, festlich dufteten die Tannen um Altar und Krippe, man vergaß Kälte und Frost, selbst Christbaum und Geschenke. Ganz zart, hell und sanft spielte die Orgel, sie wiegte ja das Kindlein in der Krippe. Eine ganze Weile dauerte das, dann setzte sie ein zum festlichen Vorspiel, und wir sangen alle: Ihr Hirten erwacht, vom Schlummer der Nacht – und danach: Es ist ein Ros' entsprungen. Fast wollte das Kinderherz springen vor Seligkeit. Und wenn ich mir etwas zurückwünschen könnte aus meinem Kinderland, so wäre es sicher dieser Augenblick, in dem tausend unbegriffene Gefühle zusammenflossen in dies eine.

Und dann nach Haus. Zu Festkuchen und Wärme und unter den Christbaum und zu all den wunderschönen Sachen. Zwei Feiertage vor sich, zwei freie Tage mit all diesem zusammen! Und dann kam das aller-, allerschönste: unterm Christbaum auf einem Schemel sitzen, die Puppe im Arm, den Gutsteller in greifbarer Nähe! Das Feuer flackert im Ofen, es riecht nach Tannen und Wachs und Honigkuchen. Am Fenster schmelzen die Eisblumen, und das Buch wird aufgeschlagen, das neue, das die Eingangspforte ist zu tausend Herrlichkeiten, zu allem Wunderbaren, das es gibt in fernen Welten, und doch ganz nahe.

Und mit seliger Andacht las ich: »Es war einmal ... «

Ach ja: Es war einmal!

Weihnachtslied der Eifelkinder
Volksgut

Christkindchen, komm langs unser Haus,
Schütt en Sack voll Äppel aus!
Mer streuen Hafer, mer streuen Heu,
Dat himmlisch Eselche wird sich freun.
Off et Finster stelle mer e Gläschen Wein,
Dat sollst du trinke ganz allein.
Christkindchen, komm langs unser Dir,
Bring mer en decke, fette Mertesbir!

Bauernweisheiten

Wächst Hartung (Januar) die Frucht auf dem Felde,
So steigt sie des Jahres in Gelde.

Im Januar viel Regen,
bringt den Saaten keinen Segen.

Ist auf St. Vinzenz Sonnenschein,
so gibt es viel und guten Wein (22. Januar).

Ist Lichtmess ein Dunkler,
wird der Bauer ein Junker.

Maria Lichtmess hell und klar,
zeigt noch viel Schnee fürwahr.

Schaltjahr – Kaltjahr.

Quellennachweise

ANONYMUS: Wölfe fielen über Schmidtheim her; In: Eifelverein (Hrsg.), Die Eifel 1955

ANONYMUS: Der Christmarkt; Volksgut

DETRÉE, DR. AUGUST: Wie's daheim einst war; In: Eifelverein (Hrsg.), Die Eifel 1934

DROSTE-LEHNERT, A.: Brauchtum um Vieh und Bauernleben in der Weihnacht ...; In: Eifelverein (Hrsg.) Die Eifel 1958, S. 153

ELERT, EMMI: Winterstimmung in Klinzig (Bad Bertrich); In: Auf vulkanischer Erde, Christel Aretz (Hrsg.), Mosel-Eifel-Verlag, Bad Bertrich

FRANCK, SEBASTIAN: Weihnacht in alter Zeit; unbekannt

GRUBER, FRANZ: Fahrt ins Weiße; In: Eifelverein (Hrsg.), Die Eifel 1940

HAY, WILHELM: Zwei Tage vor der Weihnacht; In: Der Gang zur Mette, Georg Fischer Verlag, Wittlich 1936, Peter Kremer (Hrsg.), S. 22

HILGERS, G.: Eifeler Kinderweihnacht; In: Eifelverein (Hrsg.), Die Eifel

HOMSCHEID, MARIA: Die Guath; In: Der Gang zur Mette, Georg Fischer Verlag, Wittlich 1936, Peter Kremer (Hrsg.), S. 46

KIESGEN, LAURENZ: Schnee anno 1890; In: Der Gang zur Mette, Georg Fischer Verlag, Wittlich 1936, Peter Kremer (Hrsg.), S. 7

KLASSEN, JOSEPH: Was die alte Glocke plauderte, In: Kalender 1928, Paulinus-Druckerei, Trier, Seite 133

KREMER, PETER: Die heilige Nacht; In: Der Gang zur Mette, Georg Fischer Verlag, Wittlich 1936, Peter Kremer (Hrsg.), S. 62

KREMER, PETER: Der Gang zur Mette; In: Der Gang zur Mette, Georg Fischer Verlag, Wittlich 1936, Peter Kremer (Hrsg.), S. 70

KREMER, PETER: In der heiligen Nacht bei den Himmeroder Mönchen; In: Der Gang zur Mette, Georg Fischer Verlag, Wittlich 1936, Peter Kremer (Hrsg.), S. 55

LANG, MATTHIAS: Ein Eifeldorf liegt ganz verschneit; In: Der Gang zur Mette, Georg Fischer Verlag, Wittlich 1936, Peter Kremer (Hrsg.), S. 29

LENTZ, HEINRICH: Christabend; In: Der Gang zur Mette, Georg Fischer Verlag, Wittlich 1936, Peter Kremer (Hrsg.), S. 37

MATHAR, DR. LUDWIG: Ein Weihnachtsfest anno 1649; In: Eifelverein (Hrsg.), Eifelkalender 1954, S. 20ff

MOOS-HEINDRICHS, HILDEGARD: Das Stubener Christkind; Privatbesitz

NIETH, FRANZ-JOSEF: Weihnachtsbaum mit Heringsduft; In: Eifelverein (Hrsg.), Die Eifel 1993, S. 352

REINICK, ROBERT: Christkind; unbekannt

RULAND, HEINRICH: Vor Weihnachten; In: Eifelverein (Hrsg.), Die Eifel 1940, S. 126ff

RULAND, HEINRICH: Eifelweihnacht; In: Land der Maare, Are-Verlag, Ahrweiler-Rheinland 1955, Ernst Karl Plachner (Hrsg.), S. 90

RULAND, HEINRICH: Eifelweihnacht; In: Land der Maare, Are-Verlag, Ahrweiler-Rheinland 1955, Ernst Karl Plachner (Hrsg.), S. 90f

RULAND, HEINRICH: Eifelweihnachten; In: Land der Maare, Are-Verlag, Ahrweiler-Rheinland 1955, Ernst Karl Plachner (Hrsg.), S. 33ff

RULAND, HEINRICH: Ein heiliger Abend; In: Eifelverein (Hrsg.), Die Eifel 1938

RULAND, HEINRICH: Sturm in der Eifel; In: Land der Maare, Are-Verlag, Ahrweiler-Rheinland 1955, Ernst Karl Plachner (Hrsg.), S. 57

RULAND, HEINRICH: Sankt Nikolaus; In: Land der Maare, Are-Verlag, Ahrweiler-Rheinland 1955, Ernst Karl Plachner (Hrsg.), S. 85

SCHLITT, G.: Winterstille im Eifelwald; In: Eifelverein (Hrsg.), Die Eifel 1940

SCHMELZER, JOSEF: Der Zwerge Silvester; In: Landrat des Kreises Cochem (Hrsg.) Jahrbuch 1950, S. 153ff

SCHMITZ, DR.: Der Weihnachtsritt des Abtes Graf Wilhelm von Manderscheid; In: Eifelverein (Hrsg.), Eifelkalender 1926

SCHMITZ, DR. CHRISTEL: Weihnachtsglöcklein anno 1886; In: Eifelverein (Hrsg.), Die Eifel 1936, S. 163

SCHORN, EDUARD: Eifeler Wald-Weihnacht; In: Eifelverein (Hrsg.), Die Eifel 1935

SCHRÖDER, PETER: Im Weihnachtswald; In: Der Gang zur Mette, Georg Fischer Verlag, Wittlich 1936, Peter Kremer (Hrsg.), S. 81

SCHULTZ, FELICITAS: Wölfe in der Eifel; In: Kreisverwaltung Daun (Hrsg.) Jahrbuch 1994, S. 221

SCHULZE-BRÜCK, LUISE: Weihnachten in meinem Kinderland anno 1917; In: Der Gang zur Mette, Georg Fischer Verlag, Wittlich 1936, Peter Kremer (Hrsg.), S. 30

SEIDENFADEN, THEODOR: Die heilige Nacht; In: Der Gang zur Mette, Georg Fischer Verlag, Wittlich 1936, Peter Kremer (Hrsg.), S. 60

STEINBACH, LUDWIG: Wintermorgen; In: Eifelverein (Hrsg.), Die Eifel 1941

THOMÉ, MARGA: Herrn Oehmchens Weihnacht anno 1798; In: Eifelverein (Hrsg.), Eifelkalender 1933, S. 111ff

VIEBIG, CLARA: Winter am Totenmaar; Am Totenmaar, in: Kinder der Eifel, Arne Houben, Rhein-Mosel-Verlag, Alf

VOLKSGUT: Christkindelein, komm doch zu uns herein; unbekannt

VOLKSGUT: Weihnachtslied der Eifelkinder; In: Der Gang zur Mette, Georg Fischer Verlag, Wittlich 1936, Peter Kremer (Hrsg.), S. 36

WITTENBECHER, JOSEFINE: Im Winter; In: Die Zeit vergeht, Arne Houben, Rhein-Mosel-Verlag, Alf, S. 174ff

ZENDER, MICHAEL: Der Fischerknabe; In: Heimat zwischen Rhein und Mosel, Kreis Mayen, Dr. Heinz Müller (Hrsg.) 1954, S. 273

ZIRBES, PETER: Die Spieler in der Christnacht; In: Verbandsgemeinde Wittlich-Land (Hrsg.), 1976, Eifelsagen und Gedichte, S. 160f